本书由 2020 年度山西省哲学社会科学规划课题《山西省现代服务业集聚特征及影响因素研究》（编号：2020YY291）资助出版。

企业社会责任与战略风险研究

郭 霞 著

图书在版编目（CIP）数据

企业社会责任与战略风险研究 / 郭霞著 .—北京：知识产权出版社，2021.12
ISBN 978-7-5130-7910-5

Ⅰ.①企… Ⅱ.①郭… Ⅲ.①企业责任—社会责任—研究—中国 ②企业战略—风险管理—研究—中国 Ⅳ.① F279.23 ② F272

中国版本图书馆 CIP 数据核字（2021）第 238962 号

内容提要

可持续发展战略与商业伦理框架要求企业反哺社会，积极履行社会责任。在此背景下，本书较为系统地分析了战略风险的成因复杂性及商业伦理功能和伦理决策机制下企业社会责任对战略风险的影响机制，并以相关利益者理论、风险管理理论、商业伦理与决策理论等为理论基础，实证分析了面对内外部环境的变化，企业积极履行社会责任是否可以有效规避战略风险和获得竞争优势。从微观经济、中观经济及宏观经济三个不同层面，为包括企业股东、消费者在内的所有企业利益相关者提出在有效履行企业社会责任的同时规避战略风险的对策建议，为企业获得竞争优势和实现可持续发展提供现实指导。

本书可供各类企业利益相关者参考使用。

责任编辑：张　珑　　　　　　责任印制：孙婷婷

企业社会责任与战略风险研究
郭　霞　著

出版发行	知识产权出版社 有限责任公司	网　址	http：//www.ipph.cn
电　话	010-82004826		http：//www.laichushu.com
社　址	北京市海淀区气象路 50 号院	邮　编	100081
责编电话	010-82000860 转 8363	责编邮箱	laichushu@cnipr.com
发行电话	010-82000860 转 8101	发行传真	010-82000893
印　刷	北京中献拓方科技发展有限公司	经　销	各大网上书店、新华书店及相关专业书店
开　本	720mm×960mm　1/16	印　张	11.5
版　次	2021 年 12 月第 1 版	印　次	2021 年 12 月第 1 次印刷
字　数	180 千字	定　价	68.00 元

ISBN 978-7-5130-7910-5

出版权专有　侵权必究
如有印装质量问题，本社负责调换。

序　　言

　　企业反哺社会，积极履行社会责任，是人类文明发展的重要表现。时至今日，企业不能仅仅作为"经济人"的角色，还需要承担更多的社会责任，以凸显其存在的价值。尤其是当下具备"社会责任意识"的公众越来越多，在对企业反哺社会的要求越来越高的背景下，人们越来越关注社会的公平正义和自然环境保护问题，对身心健康、自我发展、生存环境的要求也不断提高，因此对企业产生了越来越高的期望。

　　然而，改革开放初期，中国经济的进步大多是以降低社会责任成本为代价的。这种低工资、低环境成本、低价格的社会责任"零嵌入"增长模式，在带来中国经济高速增长的同时，也造成了日益严峻的社会责任问题。随着经济全球化进程迅速加快，在政府的推动下，在消费者、企业员工及关心社会可持续发展的各界人士的共同参与下，遍及全球的企业社会责任运动蓬勃开展起来。进入新时代，新的使命与定位将为中国企业社会责任的发展带来新格局，而新时代中国社会所面对的人民日益增长的美好生活需要和不平衡不充分的发展之间的矛盾，也更加强烈地呼唤中国企业重新审视自身的时代角色和责任担当。放眼全球，企业社会责任越来越受到国际社会的高度重视。社会责任是企业获得竞争优势、成为伟大公司的战略之锚，是企业构筑商业文明、推动社会进步、建设美好生活的崇高使命。可以说，在当前，中国这样的经济发展中的转型国家，对企业社会责任的需求更多。

与其他转型新兴经济体一样，中国企业在经营过程中所面临的风险成为一个不可忽视的环境因素。商业伦理的缺失、道德滑坡等违背社会责任的行为会引起投资者和消费者等利益相关者的强烈反应，造成涉事公司股价的重创，对企业的声誉与持续经营将产生严重的影响。这些引发了对企业社会责任更深入的思考。企业如何在复杂多变的经济环境中进行风险承担选择，是一个重要的战略决策。战略风险承担是企业应对变化的一种适应性行为，也是一种资源消耗性行为。承担过多的战略风险会加重企业财务负担，甚至导致经营陷入危机，但战略风险承担不足又可能使企业错失发展良机。当前，数字经济方兴未艾，新技术对传统商业模式产生了极大影响，企业面临前所未有的经营不确定性。那么，企业缘何承担战略风险，又在何种情况下选择规避战略风险，是一个值得深入探讨的问题。

新时代，对企业履行社会责任提出了全新的要求。立足新时代，企业需要更加主动、自觉地把社会责任理念和要求融入企业的决策和运营。在应对内外部经营环境复杂多变的情境下，利益相关者则是企业进行风险防范及责任履行的对象及载体。因此，本书从商业伦理的视角出发，注重与社会实际相结合，深入剖析企业在复杂的组织运营情境下所面临的日益突出的各种问题，研究利益相关者对不同类型的战略风险的影响，进一步探究企业社会责任与战略风险的关系，不仅为企业的战略风险管理提供理论指导，而且有助于企业落实对利益相关者的社会责任。

目　　录

1 导　论 ·· 001
   1.1　研究背景 ·· 002
   1.2　研究目的及意义 ·· 006
   1.3　研究内容及思路 ·· 009
   1.4　研究方法 ·· 011
   1.5　创新之处 ·· 012

2 研究假设 ··· 014
   2.1　企业利益相关者与战略风险的关系 ···································· 014
   2.2　商业伦理决策的调节效应 ·· 031
   2.3　本章小结 ·· 035

3 研究设计与测试方法 ·· 036
   3.1　问卷设计 ·· 036
   3.2　变量的选择与测量 ·· 043
   3.3　小样本测试 ··· 053
   3.4　本章小结 ·· 075

4 数据分析与假设检验 ··· 076
4.1 样本选择与问卷设计 ··· 076
4.2 描述性统计 ·· 077
4.3 量表的信度和效度检验 ·· 085
4.4 相关分析 ··· 095
4.5 假设检验 ··· 095
4.6 研究结果 ··· 104
4.7 本章小结 ··· 108

5 应对企业社会责任与战略风险的策略与建议 ····························· 110
5.1 从微观层面 ·· 110
5.2 从中观角度层面 ·· 123
5.3 从宏观层面 ·· 133
5.4 本章小结 ··· 142

6 结论与研究展望 ··· 143
参考文献 ·· 146
附录 商业伦理下企业社会责任的战略风险研究调查 ···················· 166
后 记 ·· 173

1 导 论

企业社会责任（corporate social responsibility，CSR）是指企业在创造利润、对股东和员工承担法律责任的同时，还要承担对消费者、社区和环境的责任。企业的社会责任要求企业必须超越把利润作为唯一目标的传统理念，强调要在生产过程中对人的价值的关注，强调对环境、消费者、社会的贡献。

企业社会责任是全球社会发展的重要时代潮流，是一个国家重要的意识形态投资和引导社会资源配置的重要机制。现今我国政府乃至整个社会都开始关注企业社会责任问题，对企业履行社会责任的呼声也日益高涨。全社会大力倡导科学的企业社会责任观，这不但是中国企业社会责任发展变"后发劣势"为"后发优势"的前提和基础，而且事关蓬勃兴起的企业社会责任潮流能否真正为中华民族的和谐崛起做出切实贡献。作为市场经济的微观主体，企业对社会的安定团结与和谐发展的影响日益突出，企业社会责任的选择和履行会受到各种因素的影响，但企业对外部不利的环境也并非都是被动的接受者，面对内外部环境的变化，企业积极履行社会责任是否可以有效规避战略风险，这正是本书研究的内容。

1.1 研究背景

1.1.1 构建和谐社会与企业社会责任已成为国内外经济市场秩序发展的理念

从 20 世纪后期开始，为了适应欧美等发达国家地区市场经济的需要，企业掀起了一系列的消费、劳工、环保等运动，世界银行等国际组织也积极响应，从而在国际组织、政府、企业与社会各界等多方力量的推动下，产生了企业社会责任的概念。20 世纪，对企业社会责任的研究集中在学术层面上，而进入 21 世纪后已经有国际组织陆续提出企业社会责任的标准、守则和倡议，在全球积极推进企业社会责任建设的道路上又前进了一大步。

近年来，随着中国经济与综合实力的快速增长，中国企业的发展经营状况有了根本的变化，但在快速增强经济实力的同时，不少企业忽视了自身的社会责任，一味地追求利润最大化，出现了一些问题，不仅对消费者造成了影响，也对社会发展形成了阻碍。党的十六届四中全会首次完整阐述了"构建社会主义和谐社会"的概念。和谐社会是一个以人为本的社会，是一个可持续发展的社会，是一个人们可以共享改革开放成果的社会，是经济和谐发展的社会，是人与人、人与自然和谐共生的美好社会。2006 年 3 月，国家电网公司发布中央企业的第一份社会责任报告；2008 年 1 月，国务院国有资产监督管理委员会发布《关于中央企业履行社会责任的指导意见》，首次系统性、纲领性地对我国中央企业履行社会责任提出要求。无论是从学术研究服务于社会实践的目的来看，还是从国际大环境、中国经济发展特征、中国社会和谐发展的要求、企业经营管理的需求来看，企业社会责任仍然是我们必须重视和亟待解决的问题，而在企业履行社会责任的过程中会存在战略风险及所面临损失的不确定性，研究企业社会责任的战略风险，让企业更好地履行社会责任，从而构建和谐社会，已成为近年来人们关注的焦点。

1.1.2　新时代要求企业重塑社会责任价值，积极追求可持续发展

在 21 世纪经济全球化的推动下，人类社会得到了全面的发展，经济、社会与环境之间的相互影响越来越显著，国际社会想要构建绿色低碳发展的世界经济体系，打造人与自然和谐共生的现代化环境。然而，自然资源被过度开采、"三废"污染、全球气候变暖、土地荒漠化、臭氧层被破坏、生物多样性锐减、生态环境不断恶化和社会责任缺失等一系列经济社会问题显现出来，企业要想获得可持续的发展，就不能忽视这些社会问题的存在。特别是新时代国家对经济建设、政治建设、文化建设、社会建设、生态文明建设等做出的新的全面部署，为企业履行社会责任提供了新的实践遵循。面向新时代，企业需要重塑社会责任价值，努力为国家总体布局和发展战略的落地、可持续发展目标的实现做出积极贡献。

2015 年 9 月，联合国发布《2030 年可持续发展议程》，其中所涵盖的 17 个可持续发展目标（SDGs）不仅描绘了人类美好的愿景，也重新阐述了商业价值与可持续发展目标之间的关系。一些先进企业积极响应联合国的可持续发展目标，在商业实践中与之对标，不断提升参与变革世界的价值。为了更好地促进学术界对可持续发展与企业社会责任的交流互鉴，2019 年 9 月 7 日，我国举办了可持续发展与企业社会责任学术研讨会，会议的主题是关于百余年来企业社会责任研究的历程、进展、反思与展望，对企业社会责任研究中的基础性、关键性、前瞻性问题进行深入探讨。在同年举行的圣彼得堡国际经济论坛全会上，习近平总书记指出，可持续发展是破解当前全球性问题的金钥匙，同构建人类命运共同体目标相近、理念相通，都将造福全人类、惠及全世界。坚持走可持续发展之路、致力于可持续发展，是企业履行社会责任、实现与社会共生的根本要义和核心要求。无论是可持续发展，还是企业社会责任，其合意推进都离不开企业界与学术界的共同努力。尤其是可持续发展与企业社会责任作为历久弥新的领域，在学术界开展前瞻性、探索性、学理性的持续研究极为重要，对推进可持续发展与企业社会责任具有方向引领和基础支撑的作用。

实际上，可持续发展目标与企业社会责任一脉相承。从 2008 年至今，我国企业社会责任和可持续发展建设发生了根本性变化。无论是以中央企业为代表的国有企业，还是在华跨国公司、民营企业，在纳税、自然资源、能源、环保、消费者等诸多方面积极履责，使中国企业社会责任与可持续发展理念更深化、制度更完善、实践更丰富，各项工作全面开花、亮点纷呈，构成了一幅中国企业履行社会责任、践行可持续发展理念的生动图景。

当前，社会、环境问题更趋复杂。对于企业而言，从构建人类美好未来的高度出发，重新定义其与可持续发展的关系，重新定义企业战略和价值，将创造前所未有的机遇。如今，可持续发展已经从帮助企业树立良好形象的公关需求，上升为全面提升企业核心竞争力、实现企业转型发展的战略需求。

由此可见，在当今世界的大变局下，可持续发展作为时代潮流和国际大事，既有积极因素的注入，也面临许多严峻的挑战。如何在百年未有之大变局下，深入推进可持续发展，让可持续发展的美好愿景能够实现，是摆在世界各国和社会各界面前亟待破解的重大难题。企业是推动实现可持续发展的重要力量，这是对企业可持续发展的一种再定义，也是企业社会责任的根本要义。对于这一要义，政府组织与企业的意识也在不断地加强，企业开始将自身的责任纳入战略管理体系，推动社会责任与利益相关者的相互融合，不断地明确自身该承担的责任，为研究商业伦理背景下企业社会责任的战略风险提供了实践基础。

1.1.3 企业社会责任是商业伦理背景下企业外部机构监管的必要手段

企业遵循良好的商业伦理、履行必要的社会责任，不仅是企业自身发展的需要，也是整个社会和谐与持续发展的需要。商业伦理在企业的经营过程中作为一种内在约束力，是企业建设自身文化和打造自身价值的一把标尺，通过道德教育及个人道德修养规范人们的行为、信念及道德等，使企业家和经营者能够提高自身的道德素质，对企业更好地履行社会责任起到了不可或缺的作用。

新时代对企业履行社会责任提出了全新的要求。立足新时代，企业需要更加主动、自觉地把社会责任理念和要求融入企业的决策和运营。党的十九大报告明确指出，文化是一个国家、一个民族的灵魂，没有高度的文化自信，就没有中华民族伟大复兴。而对企业来说，企业文化就相当于企业的灵魂，是一个企业核心价值观的体现。价值观的建立一方面是外在使然，更重要的是企业作为道德主体而存在的内在使然，另一方面是企业伦理行为的重要精神支撑。企业伦理行为也就是企业在面对员工、消费者、社会时应该遵守的道德原则和规范。但是，企业大多并未认识到在经营活动中应该承担的社会责任，一味地考虑如何运用各种手段来实现自身利益的最大化，从而忽视了应该承担的社会责任。目前我国仍然处在社会主义初级阶段，市场经济体制和企业的发展依旧不够成熟，一些企业单纯地强调盈利，追求更多的经济效益，没有形成承担社会责任的自觉意识。其中最主要的原因是企业的董事、股东及管理者自身的道德水平不高，以至于企业没有形成一套完整的履行社会责任的规范和行为准则，从而导致企业员工的社会责任感缺失。

由于中国的市场体系尚未发育完全，企业自觉履行社会责任的意识不强，所以需要政府监管机构对企业进行监管，制定完善的监管制度来保障企业履行社会责任。随着市场经济的进一步发展，我国政府机构的监管方式也在不断改善，很多条例明确规定企业在确保自身可持续发展、保障股东利益有效实现的基础上，更应该重视社会责任问题。

我国也制定了各种保障措施来增强社会责任开展的有效性，如2010年出台的《企业内部控制配套指引》，其中包括了《企业内部控制应用指引第4号——社会责任》；2013年中国社会科学院发布的《企业社会责任蓝皮书》将企业社会责任指数从责任管理、市场责任、社会责任、环境责任等方面进行排行，并对企业进行综合评价。从这些保障措施中可以看出，我国的监管制度在积极地监管企业社会责任的履行状况。然而，在我国企业的内外部利益相关者的要求下，履行社会责任能否获得更多利益相关者的信任，让企业在竞争中获得竞争优势、规避战略风险依然是企业面临的一个现实难题。因此，本书的研究聚焦于企业社会责任的战略风险，即在商业伦理这一大背景下，企业在履行社会责任的过程中面临的战略风险及如何影响战略风险。

1.2 研究目的及意义

1.2.1 研究目的

目前，我国对企业社会责任的战略风险的研究还处于初始阶段，理论工作者们对企业社会责任、商业伦理及战略风险的研究还有待深入。本书以企业利益相关者为出发点研究企业社会责任在不同阶段的战略风险，从而探究企业社会责任与战略风险的关系，弥补之前研究的不足，使企业在应对内外部环境的变化时可以取得竞争优势，最终为企业的可持续发展提供理论支持，也可以为企业的相关战略风险预防措施的制定提供理论依据。

1.2.1.1 对企业的战略管理进行划分及构建影响企业战略风险的指标

通过对企业战略管理进行划分，明确企业战略管理的三个阶段，即战略分析、战略选择和战略实施，这是研究企业社会责任战略风险的前提，因为战略风险正是从战略管理过程中派生出来的。为了进一步全面理解利益相关者对不同类型的战略风险的影响，本书在梳理现有文献的基础上，提出了自己的研究思路，即从利益相关者角度出发，构建一套适合我国企业社会责任战略风险的问卷评价体系，从供应商、员工、消费者、股东、经营者、社区、合作伙伴、政府8个利益相关者角度出发对企业的4种战略风险进行调查，在此基础上探讨企业社会责任对战略风险的影响。

1.2.1.2 探析企业社会责任与战略风险的关系

本书认为，企业在面临内外部环境的不断变化时，履行社会责任能够有效地降低企业的战略风险，从而能够合理规避战略风险，这对一个企业的可持续发展来说至关重要。因此，本书通过实证分析企业社会责任对战略风险的影响并加以验证，旨在有效规避战略风险，增强企业的竞争优势。

1.2.1.3 研究商业伦理决策机制的调节效应

企业在生产和经营的过程中，由于受各种不同的因素影响而面临战略风险。企业在有效识别并规避战略风险的过程中需要相应的伦理决策机制与之相配合，从而做出正确的战略决策，达到可持续发展的目标。本书进一步分析融合功能、约束功能和利己主义决策机制对企业社会责任与战略风险关系的调节效应，指导企业完善战略风险管理，为高效利用企业社会责任规避战略风险指出方向。

1.2.2 研究意义

经济的高速发展在给企业带来一定可观效益的同时，不可避免地会与社会、环境产生冲突，企业社会责任日渐受到企业和公众的关注，不适当履行社会责任会使企业面临各种战略风险，而且带来的影响也越来越广泛，因此需要对社会责任风险进行有效管理，研究社会责任风险管理具有重要的理论意义和实践意义。

1.2.2.1 理论意义

第一，明确利益相关者对不同类型的战略风险的影响。风险管理是企业发展中不可避免的。本书对企业管理每个阶段可能面临的战略风险进行深入分析，继而研究基于内外部环境不断变化下企业积极履行社会责任是否可以有效规避战略风险，进一步扩展了利益相关者理论、风险管理理论的范畴，研究了与企业有关的消费者、股东、经营者等利益相关者对企业社会责任战略风险的影响，为我国企业的风险防御能力提供理论支持。

第二，能有效规避战略风险，获取最大利益。综观百年以上知名企业的发展史，它们无不是以与社会和谐共进步为宗旨，坚持承担社会责任，因而得到社会公众的广泛肯定和支持，更是因此获得了长足的发展，然而这些企业也会面临各种战略风险。企业社会责任整体表现对战略风险有何影响？不同社会责任维度对战略风险的影响是否存在差异？企业社会责任对不同阶段的战略风险的影响有何不同？探讨这些问题有助于解释企业社会责任与战略风险之间的关系机理，而且对商业伦理背景下企业正确认识社会责任的价值具有重要意义。

第三，探究商业伦理决策机制在企业社会责任对战略风险影响中的调节效应。本书对战略管理阶段及战略风险的类型进行划分，并且结合了融合功能、约束功能与利己主义决策机制来分析企业社会责任与战略风险之间的调节效应。目前，国内外学者对这方面的研究还不多见。基于此，本书在借鉴前人研究的基础上，运用实证方法分析在企业社会责任对战略风险影响中的调节效应，旨在为同行业或者其他行业企业进行社会责任风险管理时提供一定的参考价值。

1.2.2.2 实践意义

第一，为企业的战略风险管理提供一种新思路。通过对企业战略管理过程产生的战略风险进行分析，可以增强企业对战略层面的风险的认识，从而提高企业的风险识别能力。通过厘清企业社会责任与企业持续发展的关系，使经营者可以意识到主动承担社会责任的重要性，在追求自身利益的同时积极促进社会和谐发展。研究表明，企业社会责任的履行程度越高，越有助于企业降低风险。通过构建战略管理机制，改进企业对经营者的选拔任用、提高消费者的服务保障等，保障利益相关者的利益，赢得尊重与认同，获得可持续发展的战略优势，促进企业的可持续发展。

第二，为落实企业对利益相关者的社会责任提供有效措施。企业社会责任是企业与其利益相关者共同治理的结果，这就要求企业与利益相关者建立融合共生的关系，使企业在追求利润的同时关注利益相关者的需求，从而可以激发他们积极投入企业社会责任的建设，与企业共同发展、创造价值。研究表明，利益相关者积极履行责任是企业与之建立良好关系的重要手段，因此积极关注企业利益相关者的需求，营造一种公平、和谐的氛围，推动企业社会责任的实现，减少各利益相关者的权利失衡、利益失衡和战略失衡，对企业扩大规模、赢得利润具有积极的作用。

第三，为其他企业风险管理提供一定的参考。本书首先从社会责任角度对企业进行风险识别，然后对利益相关者、不同类型的战略风险的影响及不同类型战略风险的影响因素进行分析，深刻阐述企业社会责任与战略风险的关系，最后对商业伦理决策机制在企业社会责任作用于战略风险中的效应进行分析。本书有助于相关政府部门正确把握企业履行社会责任中的战略风险，为实现企业与社会的共同发展提供政策保障。

1.3 研究内容及思路

1.3.1 研究内容

本书分为理论总结与实证分析两大部分，主要研究内容：首先，归纳梳理国内外学者关于企业社会责任与战略风险等的理论研究；其次，基于不同阶段的战略风险的不同类型，进一步探究商业伦理下企业社会责任与战略风险理论架构并进行假设，在此基础上进行实证分析与假设检验；最后，有针对性地提出防范战略风险的对策建议。

1.3.2 研究思路

基于以上研究内容，对全书的逻辑思路及章节安排进行了具体设计。

第1章导论，提出本研究的背景及意义，进而设计基本研究思路与逻辑框架，确定研究方法并提出创新点。

第2章概念的界定与相关理论基础，首先对企业社会责任、战略风险、商业伦理等相关概念进行详细的界定，在此基础上探究利益相关者理论、风险管理理论、商业伦理理论及伦理决策等相关理论，为后续的研究提供理论支撑与启示。

第3章理论架构与研究假设，在第2章理论支撑的基础上首先构建了本书的理论框架，以企业社会责任为解释变量，以商业伦理的功能（融合功能与约束功能）、决策机制（利己主义决策）为调节变量，以企业战略风险为被解释变量，全面分析各变量之间的关系，并提出研究假设。

第4章研究设计与测试方法，根据现有研究中所阐述的问卷设计的依据和原则，对此前研究中已使用过的检验性能良好、比较完善的量表进行采纳，并根据我国企业的实际情况进行修改。在设计出问卷初稿后，征询专家、业界人士及消费者的意见，修改问卷的不足，进行小样本测试后再修改问卷，最终形成本研究所需要的调研问卷，为后面的研究提供了数据基础。

第5章数据分析与假设检验，首先对大样本数据进行调研，进一步证实问卷的有效性；其次对数据进行实证分析，并检验企业社会责任对战略风险不同维度的影响，然后进一步检验融合功能、约束功能与利己主义决策机制对企业社会责任与战略风险之间关系的调节作用；最后得出研究结论。

第6章应对企业社会责任战略风险的策略与建议。为了降低战略风险，实施有效的战略风险管理，需要从微观层面、中观层面及宏观层面着手，提出有效应对战略风险的策略建议，最终为企业持续、长久的发展提供一定的借鉴。

第7章结论与研究展望，总结研究结论，指出目前研究存在的不足及对未来的进一步展望。

本书的研究思路见图1-1。

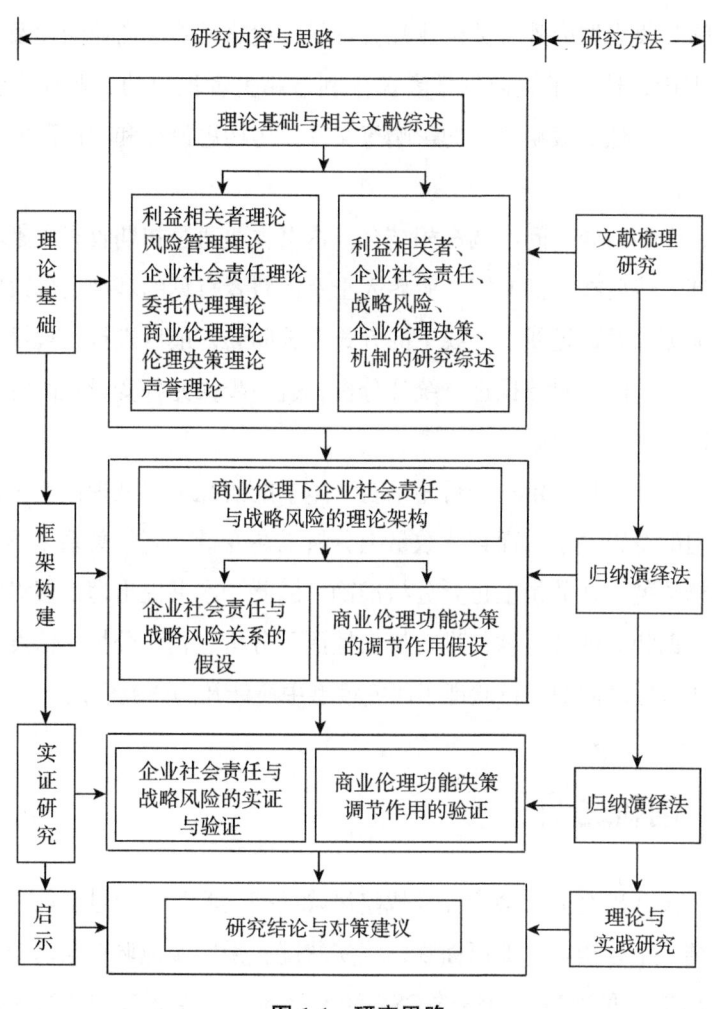

图 1-1　研究思路

1.4　研究方法

第一，理论研究与实证研究相结合。理论分析是通过原有各相关理论的综合归纳、延伸、创新，逐步形成理论体系，实现对原有理论的丰富、拓展。本书通过查阅和收集国内外有关企业社会责任、战略风险、商业伦理及利益相关者等相关理论，梳理了国内外学者关于利益相关者视角的企业社会责任的研究、企业社会责任对战略风险的影响等文献，为构思设计和实证研究奠定了理论基础。

第二，个别访谈与问卷调查相结合。本书主要通过初期收集文献与分析进行问卷设计，然后在征询专家、业界人士及消费者意见的基础上修改问卷，并进行小样本测试后通过线上、线下的方式发放问卷，最后进行大规模的调查研究，根据回收的问卷对数据进行统计分析，进一步探究各变量之间的关系，为后期的实证分析提供数据。

第三，定性分析与定量分析相结合。本书的研究不仅从理论上定性地解释各变量之间的逻辑关系，而且从数量上分析描述变量之间的关系；不仅在理论上做到解释清楚，在数量上也要分析准确。因此，本书提出理论假设并进行模型构建，借助相关的统计软件进行探索性因子分析、相关分析、信度与效度检验等，并通过层级回归分析验证了研究模型中所涉及的研究假设。

1.5 创新之处

第一，设计出企业社会责任与战略风险的问卷测量。通过对前人研究成果的系统总结，结合当前企业所面临的现实状况，采用实地调查与访谈相结合的方法设计出适合我国当前国情的 CSR 测量量表，问卷调查的数据为探究商业伦理下企业社会责任对战略风险的影响奠定了一定的基础。

第二，实证分析商业伦理背景下企业社会责任对战略风险的影响。以往国内外学者对企业社会责任与战略风险关系的研究主要是从战略环境、战略资源、经营者、企业财务绩效及竞争力的角度构建指标体系，却鲜有涉及商业伦理等相关内容。本书结合我国国情，探究了在商业伦理背景下，以利益相关者理论为基础，企业社会责任对战略风险的影响，研究视角具有一定的独特性。

第三，探究了商业伦理的融合功能、约束功能与利己主义决策机制在企业社会责任与战略风险之间的作用，从而很好地解释了伦理决策在企业社会责任与战略风险中所起的调节作用，为企业规避战略风险提供理论指导。

2 研究假设

企业履行社会责任是其提升发展质量的重要标志,是实现可持续长远发展的根本所在,也是打造和提升企业形象的重要举措。若企业履行责任不当,可能招致企业声誉受损,更可能引致治理风险、错位风险、财务风险及法律风险等。基于此,本章在概念界定与理论分析的基础上,试图探讨企业社会责任、战略风险及商业伦理功能与决策的调节效应之间的关系。下面将对上述研究进行具体分析,并提出相应假设。

2.1 企业利益相关者与战略风险的关系

企业在经营与发展过程中,由于受到诸多因素的影响会面临战略风险,不但影响企业战略的可行性,而且不利于企业的可持续发展。因此,面对复杂多变的经济环境,企业如何有效识别战略风险并主动承担,是其重要的战略决策。特别是近年来,由于全球化、信息技术、顾客需求、战略联盟和外包等内外部环境的变化及企业之间竞争的加剧,战略风险日益剧增。对此,企业迫切需要了解战略风险的类型及其成因,以便制定和实施具有针对性的战略。

研究表明,企业与利益相关者建立良好的关系,对企业扩大规模、赢得利润、抓住机遇起到积极的作用,从而可以预防战略风险。通常,企业战略风险的形成来自多方面的原因,有客观原因也有主观原因,有观念因素也有能力因素，有外部因素也有内部因素。相对而言，主观原因、观念因素和内部因素，特别是企业的风险理念和风险控制能力等是导致企业战略风险的主要因素。因此，企业对利益相关者履行责任是企业与其建立良好关系的重要手段。本书主要以企业的利益相关者为出发点，研究企业社会责任与战略风险的关系。

按照弗里曼对利益相关者的定义，任何能够影响一个组织目标的实现，或者受到一个组织实现其目标的过程影响的所有个体和群体都是该组织的利益相关者。本书认为企业的利益相关者主要包括供应商、员工、股东、经营者、消费者、合作伙伴、政府与社区8个要素（见图2-1）。

从不同阶段的战略风险类型出发，本书将企业社会责任的战略风险分为战略假设风险、战略治理风险、战略错位风险及战略刚性风险4个维度，具体的战略风险类型的描述见图2-2。

战略分析是常规性和周期性的工作，一般是在企业愿景的指导下完成的。一般来说，企业制定战略的第一步首先是战略分析，战略分析的主要目的是评价影响企业发展的关键因素，并确定在战略选择步骤中的具体影响因素。战略分析包括三个主要方面：一是确定企业的使命、愿景和目标；二是进行外部环境分析，战略分析要了解企业所处的微宏观环境中正在发生哪些变化，这些变化将给企业带来的是机会还是威胁；三是进行内部条件分析，战略分析要了解企业自身所处的相对地位，具有哪些资源及战略能力，还需要了解企业利益相关者的利益期望，在战略制定、评价和实施过程中这些利益相关者会有哪些反应，这些反应又会对组

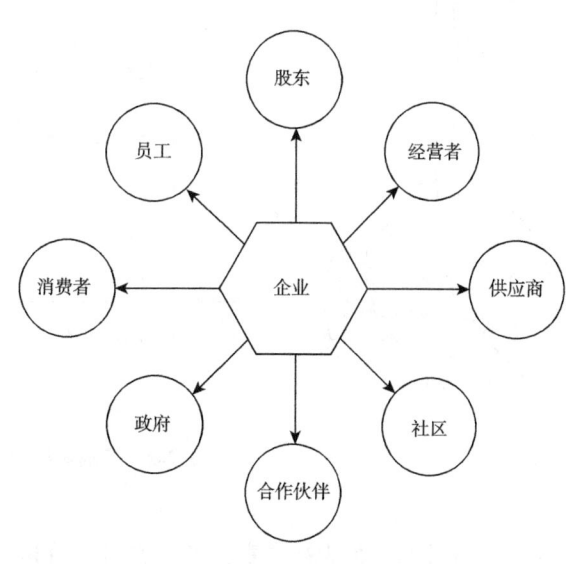

图 2-1　企业利益相关者的关系

织行为产生怎样的影响和制约。这样，企业就会通过内外部环境的分析进行基本假设，然后再根据这些依据和假设制定出战略方案。因此，企业能否全面、系统、准确地获取内外部环境信息，从中选择和确定对企业具有决定性影响的关键因素并洞悉它们之间的关系，形成正确合理的条件假设，将关系着后续的战略选择和战略实施。因此，了解企业所处的环境和相对竞争地位，是进行战略分析的主要内容。如果企业领导者在战略分析阶段忽略了某些关键因素或是对战略的边界条件做出了错误的判断，就会产生战略风险，本书称之为"战略假设风险"。

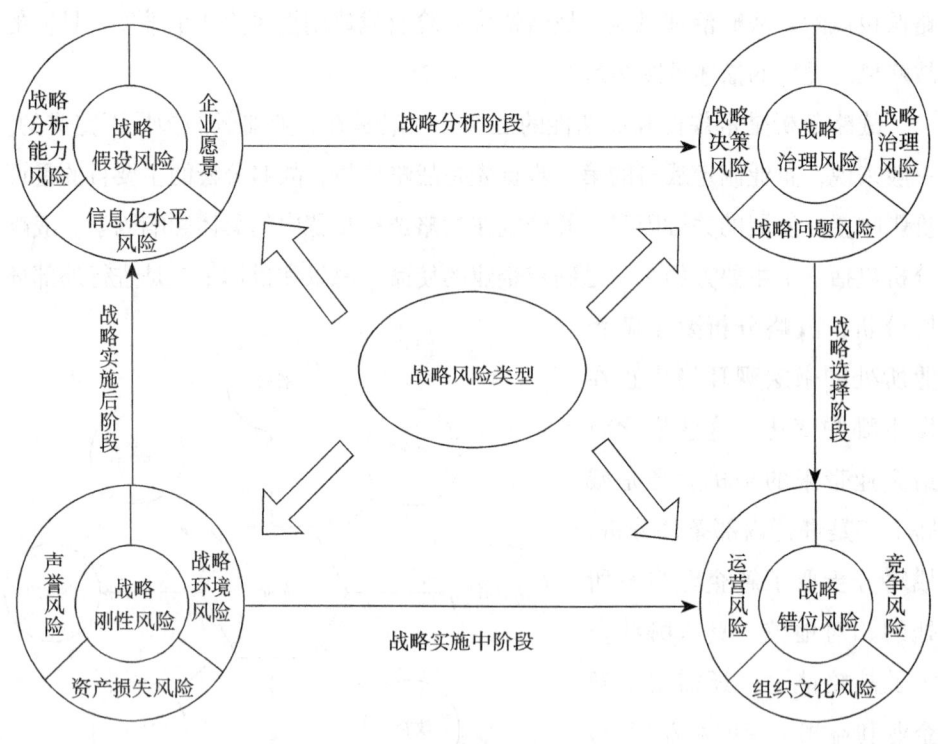

图 2-2 战略风险类型

战略风险与企业社会责任的关系具体分析如下。

2.1.1 利益相关者与战略假设风险之间的关系

通常,战略假设风险出现在战略分析阶段,主要包括企业高层领导和战略管理人员的战略分析能力风险、企业愿景和信息化水平风险等。

第一,战略分析能力风险。参与战略分析的人员主要包括利益相关者中的企业高层领导、部分企业中层管理人员、企业战略管理人员、股东、经营者、合作伙伴等,他们的战略意识、分析能力、信息获取能力、经验技能等都会制约其分析结果,从而会影响整体战略分析的完整性、准确性和系统性,决定战略制定的风险及其大小。其中,企业高层领导者和战略管理部门的专业分析人员对战略假设风险的影响最大,因为常规战略分析报告通常是由专业战略分析人员完成后报送高层领导者审核和批准。专业分析人员在撰写战略分析报告时需要了解与企业利益相关者的利益期望,在战略制定、评价和实施过程中这些利益相关者会有哪些反应,这些反应又会对组织行为产生怎样的影响和制约,这就要求专业分析人员具备一定的战略视野、职业技能、知识结构、经验水平和敬业精神等,而这些又会影响战略假设风险的水平。相比之下,高层领导者应具备一定的战略管理思想,具有战略思维、战略能力,掌握战略实施艺术,具备从事研究和制定战略决策等能力,其战略视野、战略经验、战略直觉、战略思维、战略洞察能力等因素决定其能否发现战略分析报告所隐含的风险并最大限度地消除这些风险。在我国,绝大多数中小企业还没有专门的战略管理部门和战略管理工作者,战略分析主要是企业决策者(如董事长、总裁)的职责,但他们又缺乏必要的战略能力及必要的战略实施艺术,加之因身陷于各种日常管理事务而没有足够的时间分析企业的战略环境,从而加剧了战略假设风险。

第二,企业愿景。战略分析一般是在企业愿景的指导下完成的。企业愿景是人们所共同追寻的未来意象,是组织在未来所能达到的一种状态的蓝图,是企业存在的最终目的。愿景是关于理想的一幅独特的画面,它面向未来,可以为众人带来共同利益。试想一个企业若没有稳定、清晰和共同认可的愿景,那么该企业所有部门的目标就会不一致,员工在日常工作中的价值判断基准也就各异，这样战略分析就无所依凭，一些潜在的风险因素就可能被排除在战略分析者的视野之外。企业愿景不只专属于企业负责人所有，企业内部每位成员都应参与构思与制定愿景，相互沟通以达成共识，通过制定企业的愿景的过程可使愿景更有价值、企业更有竞争力。但现实中我国企业很少有明确的企业愿景或行动指南，没有准确地教育企业员工并将企业愿景反映在实践中，更有相当数量的企业把"口号"或企业文化误认为企业愿景，这样就容易误导企业战略分析人员，使他们无法准确判断企业所面临的复杂的内外部战略环境，无法确定企业可以利用的机会和优势及必须回避的威胁和弱点，在一定程度上也会形成战略假设风险。

第三，信息化水平风险。战略分析的首要条件是全面、系统和准确地获取各种信息。在知识经济与大数据时代背景下，信息已成为企业谋求和保持竞争优势的重要战略资源。企业将信息运用于跨领域的企业管理理论、信息处理技术及知识发现方法，对关键信息进行全面跟踪与分析，并融入竞争战略决策与知识创新，不仅停留在对关键信息数据的跟踪与监测，而且期望透过数据进行信息及其知识的隐含关联关系的深度分析，对竞争态势做出前瞻性预判以制定有效应对决策，据此提升企业的环境适应性和综合竞争力。相比之下，传统的手工业获取内外部信息的渠道有限，由于信息获取的投入很高、存在较长的滞后期且信息容易被有关人员独占，企业战略分析的效果普遍较差，战略假设风险也普遍较高。

通常情况下，企业在进行战略分析并明晰了实施战略后，信息化水平就可变成具体可操作的纲领，在此战略规划的指导下，就可以结合管理和IT技术的最新发展趋势制定出相应的信息化整体规划，在整体规划的框架下组织信息化建设、实时获取更多的信息资源，并提高信息效率，大大降低实施的风险，这样就为信息共享提供了坚实的基础，战略分析因此也具备了更充分的条件，该阶段战略假设风险的成因主要不是信息获取问题，而是如何从大量信息中提取有用信息及关键信息的分析能力问题。

2.1.2 利益相关者与战略治理风险之间的关系

战略选择是在战略分析的基础上从战略假设条件决定的多种可供选择的战略方案中挑选和确定最终实施方案的过程。如果说战略分析阶段需要明确"企业目前状况",那么战略选择阶段要解决"企业走向何处"。

通常认为,战略选择过程也就是战略决策过程。一般而言,现代公司的战略决策过程取决于特定公司的治理结构。企业治理结构是主要利益相关者用来决定企业战略方向和战略产出的一种机制。由于战略决策对各主要利益相关者的利益均有重大影响,所以主要的利益相关者都会想方设法参与战略决策过程。就此来讲,战略决策过程本身是一个博弈过程,是通过博弈来实现利益相关者利益均衡的过程。一般来说,由于管理者与股东之间存在利益冲突,因此管理者在制定战略决策时需要权衡制定某一非科学决策时个人效应的增加与受到股东及其他利益主体惩罚所引发的效用减少。当效用增加量高于效用的减少时,管理者便具有制定非科学化战略决策实现个人效用最大化的动机。因此,企业治理结构的健全程度与企业主要利益相关者之间的权力均衡度、价值观认同度有关系,但又不局限于这些因素。通过以上分析可知,如果企业的治理结构安排不当,则各利益相关者会出现权利失衡、利益失衡和战略失衡,其结果势必影响企业的生存与发展。这种由于治理结构安排及运作导致的战略决策风险,本书称为"战略治理风险"。

战略治理风险主要出现在战略选择阶段。该阶段的风险水平主要取决于企业主要利益相关者之间的战略决策风险、战略治理风险、战略问题风险等。

第一,战略决策风险。战略决策风险是指在决策活动中,由于主体、客体等多种不确定因素的存在,而导致决策活动不能达到预期目的的可能性及其后果。企业的战略决策风险主要来自企业领导者,而企业领导者能力的影响因素主要有知识水平、创新能力、经历经验、决策风格和风险偏好。较高的知识水平能支持领导者制定更为科学的决策,创新能力直接关系到决策是否僵化,经历和经验对领导者制定战略有一定程度的影响,不同的决策风格和风险偏好会使领导者制定不同的发展战略。

企业的主要利益相关者主要包括供应商、员工、股东、经营者、消费者、合作伙伴、政府与社区等。由于企业的战略选择主要是进行战略制定、评价和选择，这将会对主要利益相关者的利益产生深远而长久的影响，所以各主要利益相关者都会通过各种途径来影响企业的战略选择。一般来说，决策风险在每一个层次都会发生，但对企业影响的重要程度是不一样的。一般来说，越是上层的决策，影响越深远，严重程度越大，但往往不易马上表现出来，较难觉察；越是底层的决策，影响就越小，危害较小，但往往能立即显示出来，表现为直接的经济损失。研究发现，主要利益相关者影响企业战略选择的最直接和最主要的途径是谋求主要职位、适当地分权，可以使企业决策者集中精力于企业的重大决策事项，避免因为决策事项过于集中于企业高级决策机构而导致的决策失效，从而在一定程度上避免企业的战略风险。此外，利益相关者的决策能力也尤为重要。履行社会责任能有效地使管理者建立战略性的思维，避免管理者在工作中只顾眼前利益，增进企业对风险的防御能力和管理运用能力（Porter、Kramer，2006），使企业能够有效地化解各类风险，降低风险对组织的不利影响，使企业能够在激烈的市场竞争中保持自己的优势。因此，战略决策风险往往产生全局性的影响，如何做好规避和防范决策风险是企业关注的核心课题。

第二，战略治理风险。公司治理是一个涉及面非常广泛的庞大体系，涉及公司所有利益相关者群体之间的权利、利益分配平衡和责任承担。公司治理失败所导致的风险可能是全局性的，涉及所有的利益相关者，如公司破产倒闭时所有利益相关者都会遭受损失，也可能是局部性的，仅仅针对某些类型的利益相关者，如顾客、经销商等。实践表明，战略治理风险的影响因素分为内部因素和外部因素，其中内部治理风险因素主要表现为公司战略制定不合理，相关职能部门执行不到位，股东大会、董事会、监事会设置不合理或者机制不健全，股权结构不合理，由于股东信息不对称引起的道德风险，委托代理关系造成的逆向选择和道德风险，财务披露虚假信息，职工道德问题等；外部治理风险因素主要来自生产要素市场不健全，控制权市场不规范，债权人监督机制不合理，外部审计、会计等中介机构和人员职业道德问题，资本市场不健全等。

一般来说，股东作为企业的重要投资者与决策者，也是企业最根本、最关键的利益相关者，不仅需要为股东创造更多的财富，维护股东的合法权益，更应该从根本上保证企业资产不被吞噬，尽可能地降低资产贬值的风险。股东大会是公司的最高权力机构，对中小股东和其他利益相关者利益的保护及公司治理风险的规避起着重要的作用。然而股东之间的治理风险主要表现为因道德风险及逆向选择等问题而产生的大股东对中小股东利益的侵害。而董事会在公司治理中处于核心地位，企业要对其进行监督与约束，保证被股东授予的管理权力被正当使用，确保企业经营过程的合理性与透明性。实践表明，企业风险管理成功与否主要依赖于董事会和监事会之间的监督制衡，董事会和监事会是股东大会的代理人，而三者同时又是股东的代理人，负责维护股东的利益。复杂的委托代理关系不可避免地产生治理风险，如公司财务欺诈、财务舞弊、盈余操纵、腐败及虚假财务信息等，凸显出了这一层面的治理风险。此外，经理层作为公司决策的执行机构，对公司的经营负有直接责任。

总之，战略治理风险既有公司内部的直接原因，又反映了商业伦理的缺失。从长远来看，企业战略决策者在制定企业发展战略、开展风险防控过程中更需要注重商业伦理道德，提高企业决策者的伦理决策水平，有效规避治理风险。

第三，战略问题风险。战略问题风险形成的主要原因是信息不对称性、后果的不确定性、组织构架等。首先，企业主要利益相关者之间权利失衡的主要原因是他们之间存在非对称信息。由于不同企业的主要利益相关者的利益诉求各异，即投资者期望投资回报最大化，这需要同时具备最低成本、最高价格和最大销量等条件；顾客期望自身收益最大化，这意味着企业在最大限度提高产品质量同时尽可能降低产品的价格；管理者和员工也期望自身收益最大化，这意味着高工资、高福利及更小的职业风险；供应商期望能够以高价交付最低质量的原材料或提供平均质量的原材料而索取最高的价格；社区期望企业雇用更多的本社区居民、更多参与本社区的公益活动、为本社区提供更多的捐助而最大限度地减少本社区的环保压力。若各利益相关者都坚持自身利益价值最大化而互不让步，则企业的战略选择无从谈起，会产生战略问题风险，将给企业造成重大损失。其次，因风险的基本定义是损失的不确定性，战略风险就可被理解为企业整体损失的不确定性。对如今的企业而言，不确定性与复杂性是其所处环境的主要特征。而环境的不确定性与复杂性要求企业战略具有一定的灵活度，具备对环境的应变能力，避免战略问题风险的产生。最后，组织构架的稳定性使企业主要利益相关者往往集权化，使企业按照既定的方向发展，常常会导致"帕金森病"的出现，无法适应企业战略目标的改变，形成了一种强化效应，如巨大的跨国公司涉及众多国家的业务，它也具有庞大的组织结构，一方面庞大的组织结构支持企业完成大量的业务，但另一方面当公司进行战略重组时组织结构表现出的战略问题风险严重阻碍了企业的战略变革。

战略风险是影响整个企业的发展方向、企业文化、信息和生存能力或企业效益的因素。当企业出现严重的产品或流程失误等时，运营风险就转变为战略问题风险；如果是对实施战略有重要影响的财务价值、知识产权或者资产的自然条件发生退化，资产损伤就变成一种战略问题风险；产品或服务与众不同的能力受损伤会导致竞争环境的变化，竞争风险就会变成战略问题风险。

2.1.3 利益相关者与战略错位风险之间的关系

战略错位风险主要出现在战略实施阶段。如果说战略分析阶段需要明确"企业目前状况"，战略选择阶段需要解决"企业走向何处"，那么战略实施阶段需要解决"企业如何采取措施发挥战略作用"。当企业的战略方案确定后，企业需要整合实现战略目标所需要的各种资源、能力和其他条件，将现有的资源分配在企业内部各部门和各层次间，为了实现企业目标，还需要获得一些外部资源并充分利用。当然，企业为了实现既定的战略目标，需要对组织结构做必要的调整，还要处理可能出现的利益再分配与企业文化的适应问题，以保证企业战略的成功实施等。成功的企业战略实施需要战略目标与实施条件之间的高度匹配，具体表现在以下三个方面：第一，运营与战略的匹配；第二，竞争与战略的匹配；第三，组织与文化结构与战略的匹配。如果企业已有的资源、能力和条件无法支持企业战略目标的实施，就会导致战略错位风险。如果战略目标和战略本身没有问题，那么如何创造性地筹备和动态均衡地配置战略实施需要的条件主要取决于企业的运营风险、竞争风险及组织文化风险等。

第一，运营风险。运营风险是指企业在运营过程中，由于外部环境的复杂性和变动性及主体对环境的认知能力和适应能力的有限性，而导致的运营失败或使运营活动达不到预期的目标的可能性及其损失。运营风险并不是指某一种具体特定的风险，而是包含一系列具体的风险。在企业运营内部，企业积极对利益相关者履行社会责任可以获得更多的资源，如人力资源、组织资源、企业声誉等稀缺的竞争性资源，这些稀有资源作为企业实现可持续发展的重要因素，能够对企业规避战略风险产生积极的影响。在企业获得有效开展业务所必需的资源的条件下，企业履行资源环境责任的相对损失较小。运营风险的分析水平是功能性的，适当的运营风险度量应该区分企业与其资源环境之间关系的相关绩效，且应该在公司内部的业务职能之间推广。但是，若企业在产品生产及流程再造过程中出现不当操作，就会产生运营风险，当不当操作产生严重后果时，运营风险就自然而然地转化为企业的战略风险。运营风险可以被看作企业在核心生产流程、产品设计流程方面能力的丧失，致使运营能力衰弱。因此，为了降低运营风险，企业必须积极承担社会责任，这将有利于企业组织能力的提升，同时能够增强企业自身抵抗风险管理和规避能力，降低各类不同的运营风险。

在我国众多的生产性行业及服务性行业，其价值创造活动中总会存在不同程度的运营风险。特别是不同利益主体对环境认知能力和适应能力有限，这将导致运营失败或使运营活动达不到预期的目标的可能性及其损失。因此，要促使员工积极承担相应的社会责任，这样可显著提升他们的工作效率及企业应对外部风险的能力，因员工的工作满意度比较高，这可以提升他们的工作积极性，使他们在为顾客服务时更加投入，培养更多的忠实顾客，使企业能更好地应对运营风险。此外，企业通过承担对利益相关者的责任有助于其建立与利益相关者的良好关系，一方面可以引导利益相关者扩大投资、增强凝聚力等积极行为，降低各种风险因素的影响；另一方面建立坚实的关系资产属于企业的无形资产，有助于企业提升规避环境变动所带来的风险的能力。当然，运营风险会促使合规委员会、协助执行委员会与董事会共同对良好的运营框架中建立的活动进行监控，并监督集团的运营风险状况。

第二，竞争风险。竞争风险是指由于竞争环境的不断变化，使企业在价值创造、产品及服务的设计能力上遭受损伤。首先，企业面临的竞争环境变化，使供应商在原材料定价与批发程序上发生一定的变化；其次，竞争对手开发出了高品质的产品或产品性能有所提升、服务质量有所改善等；最后，顾客新时代需求的多样性及个性变化、政府法规及政策的调整等。

当企业的利益相关者关注外部自然环境责任时，能够受益更多，并通过有效利用其权力获得市场竞争优势，减少竞争风险。一般来说，在客户层面，存在激烈的竞争风险和时刻变化的市场需求风险。组织战略基本分为低成本战略和差异化战略。当企业采取低成本战略以避免需求风险时，却不得不冒着其他竞争对手也采取同样的战略而带来的竞争风险。当企业采取差异化战略以避免竞争风险时，却不得不冒着企业的差异化价值主张不被目标顾客接受或接受程度较低的需求风险。因此，竞争风险和市场需求风险对于企业是一个两难的选择，商业活动之所以具有风险性，根源就在于此。

基于利益相关者责任的研究也为此提供了多方面的证据，企业通过践行对员工的社会责任有助于增加员工的工作满意度，有效降低企业员工的离职意愿，在一定程度上可以有效地避免核心员工流失等问题，避免竞争风险。对于消费者而言，消费者的口碑与选择是企业衡量其产品是否成功、市场占有率是否合理的重要评价标准，因此，自觉开展社会责任活动并一贯坚持的企业一定能获得更多消费者的认可与青睐，这是因为随着社会责任理念的普及，消费者会对积极履行社会责任的企业给予更高的道德评价与满意度，形成企业具有竞争优势的声誉与资本，最大限度地降低竞争风险。从合作伙伴的角度来看，企业的商业伙伴一般是指与企业经营活动往来密切的合伙人、合作者、供应商、分销商等。其中，供应商和分销商都与企业联系十分紧密，他们不仅为企业生产提供必要的原料，而且有助于企业产品的开发、营销和售后服务工作。企业在与供应商、分销商进行联系时，若能公平对待他们，不但有利于双方形成诚信互依的良好局面，而且可更好地激励其认真为企业销售和供应更好的产品与原料，这样企业的产品在市场竞争中将更具竞争力，同时有利于降低竞争风险。特别是当企业外部的风险爆发，企业内部的资产将受到严重损害，而企业通过履行社会责任与供应商、分销商建立的合作关系能帮助企业在外部无法预料的风险爆发时，给予他们尽可能多的援助，这样不仅可以保证企业的正常经营活动，而且可以减少因外部冲击而给企业带来的损失，全面降低企业经营风险。

第三，组织文化风险。企业文化是企业战略制定和执行过程中的软实力。良好的企业文化不但能提升团队协作的向心力，提升工作完成的效率和质量，还能给客户留下良好的企业形象。相反地，不良的企业文化则对企业战略形成反作用，从而形成组织文化风险。本书所指的组织文化风险是因文化这一不确定性因素的影响给企业经营活动带来损失的可能。企业经营中的组织文化风险直接作用于产品和市场，从其成因来看，组织文化风险存在并作用于企业经营的更深领域。通常来说，不同的战略对企业文化有不同的要求，如成本领先战略要求企业建设效率优先的文化；差异化战略要求企业建设创新主导的文化；多元化战略则要求企业建设协同竞合的文化。因此，组织文化与企业战略如同水与舟的关系，水可以载舟，亦可以覆舟，如果彼此不能够匹配，就会出现战略错位风险。有些公司的主导战略是多元化战略，通过整合多种传统制造业谋求做大，这些行业的主要特点是投资大、见效慢、竞争激烈、回收周期长、利润薄，这就要求企业建设稳健的文化、可靠的融资渠道、精细和有效的管理体系，否则资金链很容易出现断裂。

2.1.4 利益相关者与战略刚性风险之间的关系

面对环境变化的不敏感的固化反应,企业战略常常会缺乏弹性,随着时间累积就会产生路径依赖,最终导致企业战略在面对环境变化时出现"迟滞"现象,即战略刚性。因此,战略刚性是伴随着企业组织结构的稳固、企业战略资源配置方式的僵化、企业核心能力的凸显,逐渐形成并强化。企业的成长过程也就是不断克服与超越战略变革过程中刚性的过程。通常来说,战略刚性风险出现在战略实施过程的中后期。战略刚性是在长期的实践中以特定方式、沿特定轨迹积累起来的稳定的具有自我复制性、抗模仿性的战略特性。如果企业选择的战略是合理的和符合企业实际的,且企业战略实施非常成功,那么随着战略的实施企业就会形成特定的核心能力。但需要指出的是,企业的核心能力是特定的战略环境和特定战略相联系的产物,如声誉及资产损失的风险,如果战略环境和特定战略相联系的产物发生变化而企业依然坚守特定的核心能力,就会出现战略刚性风险。特别是战略刚性越强,企业战略的可调整性就越低,战略刚性风险就越大,甚至导致竞争失利,使企业陷入危机。

第一,战略环境风险。目前,环境动态性是指那些能影响企业经营成败,但又在企业外部而非企业所能完全控制的因素,主要源于企业之间的竞争、市场需求变化、技术进步、政策变化等。企业要在不确定、动态的环境中立足,就需要有对环境的适应能力。但是,由于企业战略刚性存在路径依赖、资产专用性、决策者认知的线性模式等,因此企业在面对环境变化时不能敏锐地察觉机会和威胁,或者察觉后表现出反应和行动迟缓的状态,从而导致战略环境风险。

根据巴顿的研究,战略刚性风险有经济学、政治学和行为学等三个研究视角。从经济学的角度看,打破核心刚度会削弱企业现有的能力,如企业打破当前的组织结构、改变现有的生产流程等都会给企业带来一定的经济损失,即使这种损失只是暂时的,企业也很难主动做出改变。从政治学的角度来看,企业要废弃原先建立的核心能力,一定会伴随着部分阶层从显赫的级别上退位,这种革新破坏了当前的权力结构,损害了既得利益阶层的利益,他们为了保护既得利益会千方百计地阻挠这种变革的发生。从行为学的视角来看,因为人们对过去已形成的惯例程序习以为常,许多行为习惯难以改变,传统观念根深蒂固,打破核心刚度会令他们难以适应新的环境,从而对变革往往产生抵触情绪。

  从利益相关者的角度看,企业与政府之间建立的关系具有多样性与不确定性。政府处于领导地位,是许多规则的制定者,时刻监督企业的生产经营行为。一般来说,企业为了获得更多的利润,就需要与政府尽可能地建立更深层的关系,时刻保持与政府之间的交流和沟通,关注政府的方针政策,积极履行社会责任,同时要不断提升企业对政府各项政策的理解力,及时准确地传递和解读政府信息,否则企业将会失去更多的投资和发展机会,造成经营失误。如果部分企业违法经营,将会受到政府的严厉制裁,这将在很大程度上有损企业在公众中的形象,最终将使企业遭受巨额的经济损失。此外,从企业与社区关系来看,企业作为社区重要的组成成员,与社区紧密联系在一起。管理大师哈罗德·孔茨(1995)认为,企业应该积极与它所在的环境和所在的社区紧密联系在一起,对其所处的环境要能及时感知,并做出适当的反应,应该积极参加社区活动,成为社区中的重要力量。反之,社区也要对企业提供政策方面的指导。每一个企业都在社区中,企业作为社区的一员必须服从地方政府的领导和管辖,在很多政策方面的资讯、要求等都要依赖于社区提供。社区是联系企业和政府之间的一个重要纽带。企业要想顺畅地了解政策方面的信息,社区的支持和提供是很重要的一个渠道。社区能够为企业发展创造宽松的外部环境。良好、稳定、和谐的社区必然对企业发展起促进作用,而一个不安定、环境脏乱差的社区无疑是不利于企业发展的。一些学者的研究表明,履行社区责任可以提高企业营利能力,增强企业应对市场风险的能力。如果企业关注外部自然环境,并通过有效利用内部利益相关者的权力获得更多的市场优势,减少战略环境风险,能够受益更多。

  第二,声誉风险。企业的声誉是指在社会经济交往活动中,与其有关的人或组织（如股东、供应商、客户、员工、政府、传播媒介及竞争对手等）依据其一贯的表现而对企业做出的恰如其分的舆论评判。良好的声誉使企业行为容易得到社会认可，更容易获得资源、机会和支持，进而取得更大的竞争优势；相反，不好的声誉会给企业带来不利影响。作为一种无形资产，企业声誉本身无法用收益数量来准确衡量，这使对企业声誉风险大小的评估与度量具有一定的难度。

当下，整体经济形势处于"换挡"调整期，民众的社会生存压力日渐增大，媒体处在网络信息大爆发的发展阶段。在这种新形势、新常态下，企业的经营活动常常会面临各种类型的风险，声誉风险是其中十分重要的一种。声誉风险在一定程度上反映了企业形象和可信度，其具有累积性和不可逆性。企业任何不负责任的行为都是损害企业信誉和形象的，因而都会累积企业声誉风险。当声誉风险累积到一定程度爆发时，影响往往是不可逆的，有时还对企业造成毁灭性的影响。

企业声誉具有关系属性，即企业声誉与特定的组织群体及特定的事情有紧密联系。一个企业有许多利益相关群体，包括投资者、股东、员工、供应商、顾客等。这些群体分别与企业有特定的关系，对企业行为有着特定的期望。特定的群体会从特定的角度认知企业行为，因而具有不同的企业声誉认知。首先，员工是影响企业生存与发展的最重要资源之一。企业的可持续发展离不开员工的坚定信念与辛勤工作，企业员工的工作主动性与积极性对企业的长期发展起着决定性的作用。李维安（2014）认为，在企业雇主与员工之间的契约关系中，雇主依法享有经营领导与价值索取权，员工则按照契约规定付出一定的劳动与时间而获得相应的工资，但在目前作为企业人力资本的个体的员工，在企业中的作用及地位显得愈加重要。现实中，很多企业存在声誉风险防控意识淡薄、管理水平普遍较低、媒体应对和风险处置能力较差等问题，究其根本原因，正是企业员工责任的缺失所造成的。因此，企业履行员工社会责任有助于降低企业的声誉风险。其次，经营者是企业的实际管理者，其努力程度决定着未来企业的前途。企业对他们履行适当的责任，能够有效地满足他们的需要，与他们之间建立良好的氛围和友谊,树立较好的企业形象,在一定程度上可以减少企业的运营风险与声誉风险。我国学者杨艳、兰东(2015)认为,企业履行对股东、经营者等内部利益相关者的责任均能降低企业的特有风险。丹尼尔(2012)的研究证实,通过与内部利益相关者的互动交流,可以有效传达企业的有效信息,提高企业的声誉资本,拓展品牌形象,减少因声誉较差而造成的企业信誉风险。最后,利益相关者责任的有效履行能得到消费者的信任,扩展企业的社会声誉与形象(Mohr、Webb,2005),同时也促使消费者形成了与企业共同的价值观(Sen、Bhattacharya,2003),从而有利于企业的可持续发展;反之,那些不履行利益相关者责任的企业最终将被消费者抛弃,因无法在市场上与竞争者抗衡而逐步退出市场(黎友焕、陈小平,2011)。随着产品生产供应链条的延伸,消费者不仅关注产品自身的质量与性能,对企业的原料购买、产品生产等流程提出了更高的要求。企业要时刻听取消费者的呼声与利益诉求变化,精准履行对消费者的社会责任。一旦企业风险来临时,消费者依据其对企业产品的偏好及认同度,在很大程度上将其归结为偶然性问题,甚至通过购买产品与口碑宣传给予企业更有力的支持。总之,企业的利益相关者与企业有特定的关系,对企业行为有特定的期望。特定的利益相关者会从特定的角度认知企业行为,因而具有不同的企业声誉认知。例如,如果企业的产品价格明显低于市场平均水平,那么对于顾客群体它在产品价格上具有良好声誉。然而,产品价格过低会导致利润空间变小,这可能会影响供应商、投资者及员工对企业的期望和认知,从而影响相对于这些群体的企业声誉。企业到底更关注哪些利益相关者,依赖于企业现阶段的战略和目标。

企业声誉的形成与企业自身表现出的差异性(即不同于同行业其他企业的特征)密切相关。利益相关者会刻意寻找一个能有效区别目标企业与其他企业的特征,并以此特征为基础构建其对这家企业声誉的认知。例如,金融企业通常被看作具有"风险厌恶并谨慎"特征的一类企业,这些特征使利益相关者对这些企业放心,愿意委托它们管理自己的资产。如果一家金融企业的行为与同行业其他企业相比表现出很大的差异性,那么不管是高于还是低于市场平均期望，这些差异性都将作为利益相关者构建这家企业声誉的主要依据。因此，企业积极承担社会责任所形成的"道德资本"和"信誉资本"对企业具有重要的保险功效（Godfrey，2005），降低风险事件对企业的破坏程度（Karen、Marc，2005），最大限度地削弱风险发生对企业造成的不利影响。布斯拉（2016）研究发现，履行社会责任确实能够帮助企业降低风险，尤其是在发生金融危机后，良好的企业社会责任对企业声誉风险的降低作用更为显著。以上论述充分说明，积极履行企业社会责任能提升企业获得竞争优势的能力，有利于企业长期发展，增强防御风险的能力，减少经营风险发生的可能。

由此可知，企业声誉本质上是一种心理认知，它的形成不完全基于客观事实或现实，是利益相关者对企业行为的体验、知识和看法的综合体现。尽管企业能够采取措施给人们带来更好的体验、向人们传授更多的相关知识，但是不一定能够有效地改变人们对企业行为的看法。为了更好地管理企业的声誉，企业不仅需要做到真正的"与众不同"，更重要的是要让人们切身感受到企业的"与众不同"。

第三，资产损失风险。在实施战略计划的过程中，需要进行预算安排，进而满足企业的实际业务能力与运营需求，所以计划预算是企业战略管理的"龙头"，在各项工作中具有先导性作用。若资金不足，则执行战略计划能力将下降，对战略实施全过程造成严重影响；若资金安排过多，则会造成资源浪费，并使财务绩效进一步降低。因此，加强战略计划中的资产预算管理，提高资产预算的编制质量，有利于促进各项工作的有序进行，有利于年度战略目标的实现。

战略属于动态演化过程，如果战略出现变动，就要对资金预算进行重新分配。在对战略进行布局时，战略资金需求要对分配模式与营运预算进行主导，如果对影响战略成败的关键活动没有给予充足资金，就会使战略实施失败，导致由于资源无法有效运转或对资金无法重新分配而产生风险。代表学者戈弗雷（2005）从风险管理的视角认为，企业积极从事慈善捐助活动能够使企业获得良好的声誉，从而获得许多外界道德性资源的投入，而这种作为企业特有的无形资产道德资本，对企业财富积累同样具有"保险"的防护功能。一旦企业陷入负面事件的影响之中，可以防止同类别无形资产的丧失，也能够削弱和降低利益相关者对企业的误解与惩罚，有效防止企业在现金资本方面发生危机。戈弗雷（2009）用实证的方法验证了企业履责与企业资产的关系，研究发现，当企业遭受负面事件时，收益下降缓慢、价值损伤较低的企业的社会责任履行程度会更高，这在一定程度上说明处在风险环境之中企业的社会责任活动具有"保险"功能，有利于提升企业抗击风险的能力。萨拉玛等（2011）、卡尔等（2015）探究了企业履行对外部的环境责任与企业资本市场风险的关联，得出企业积极履行环境责任有利于提升内外利益相关者对企业的认同度与满意度，进而获得良好的形象与声誉资本，这反过来会降低由于环境问题所造成的现金流变动问题，抑制企业的资本市场风险。

因此，基于以上分析，得出以下假设。

H1：企业履行利益相关者责任能够显著降低战略风险。

H1a：企业履行利益相关者责任能显著降低战略假设风险。

H1b：企业履行利益相关者责任能显著降低战略治理风险。

H1c：企业履行利益相关者责任能显著降低战略错位风险。

H1d：企业履行利益相关者责任能显著降低战略刚性风险。

2.2　商业伦理决策的调节效应

随着经济的发展，企业与社会的关系日益密切，社会对企业提出了更新更高的要求。未来企业的竞争将越来越依赖于企业商业伦理价值理念和思维方式，而这又与企业的商业伦理构筑直接相关。商业伦理是商业文化在不断发展的文明长河中被历史沉淀下来的珍贵产物，是高于任何物质财富的宝贵的精神财富。通常来说，企业大多是以营利为目的，所以功利性是企业活动的内在属性。随着经济的飞速发展，必然会有许多功利主义思想迅速渗透到日常经济活动中，企业中的商业伦理失范现象随之而来，尤其是利益相关者之间的矛盾也越来越深。因此，考虑到企业进行决策时大多会顾及商业伦理这一重要问题，故将伦理决策作为一种调节功能，进一步研究企业社会责任对战略风险产生的差异性影响。

商业伦理的功能主要有融合功能及约束功能。实际上，商业伦理的构筑本身表现为一种战略思维的结晶。随着以道德与文明为第一竞争要素的时代的来临，缺乏伦理价值理念的企业难以形成真正的竞争力，也就难以生存发展。企业要想生存，首先必须解决企业和社会融合的问题。企业可以用多种方法获取利润，而一旦背离正规途径，用不正当手段获取利润，就会和伦理道德相冲突。如果一个企业只知道赚钱而不承担必要的社会责任，偷税漏税，甚至采用非人道的手段对待员工，就会违背社会的约定俗成或法律法规，必将受到惩罚。因此，企业要生存发展，首先必须解决其与社会如何融合的问题，而商业伦理正是在价值伦理范畴内提供了企业与社会伦理融合的基础。企业履行社会责任，就是要求企业遵纪守法、依法纳税，用正当手段获取利润，在追求自身利润最大化的同时，还须考虑员工、消费者等各方的利益，用人道主义的方式对待员工，承担必要的社会责任等，也就是说，要尽可能达成企业利益、消费者利益和社会利益的和谐统一，这些都属于商业伦理范畴内的东西，而且属于最基本的伦理范畴。一个企业只有遵守这些基本准则，才能得到社会认可。可以推断，商业伦理的融合功能可能会强化企业积极履行社会责任，因此，提出如下假设。

H2：融合功能作为调节变量，将强化利益相关者责任规避战略风险的程度。

H2a：融合功能作为调节变量，将强化利益相关者责任规避假设风险的程度。

H2b：融合功能作为调节变量，将强化利益相关者责任规避治理风险的程度。

H2c：融合功能作为调节变量，将强化利益相关者责任规避错位风险的程度。

H2d：融合功能作为调节变量，将强化利益相关者责任规避刚性风险的程度。

商业伦理作为一种内在的约束力，凭借自己的本质力量及自身的功能，对企业发挥着调节和促进作用。对企业来说，经济效益涉及企业的集体利益；对个人来说，经济效益关系到个人的自身利益。商业伦理以道德规范、传统习惯和社会舆论等方式，使企业家和经营者加强道德自律，提高自身的道德素质，合理调整个人利益、企业局部利益和社会整体利益的关系。对企业来讲，商业伦理的约束功能是从商业伦理对企业经济行为的制约角度进行分析的。其核心思想是，商业伦理作为一种价值判断和准则，对企业行为实现控制效应，即对企业某些非伦理行为进行事前控制和预防，以避免这些非伦理行为的出现，从而使企业经营活动遵循伦理规范和准则，实现企业目标的最佳化。商业伦理的软约束力是显而易见的，当伦理的价值和准则被大多数员工接受以后，他们就会自觉地按照这种准则和规范行事，形成某种特定的人格优势和行为准则，进而规范和约束整个企业的经济行为。可以推断，商业伦理的约束功能可能会强化社会责任对战略风险的影响。因此，提出如下推断。

H3：约束功能作为调节变量，将强化利益相关者责任规避战略风险的程度。

H3a：约束功能作为调节变量，将强化利益相关者责任规避假设风险的程度。

H3b：约束功能作为调节变量，将强化利益相关者责任规避治理风险的程度。

H3c：约束功能作为调节变量，将强化利益相关者责任规避错位风险的程度。

H3d：约束功能作为调节变量，将强化利益相关者责任规避刚性风险的程度。

决策被视为一种理性的、权衡的及有目的的行动，从制定决策战略开始，并贯穿于执行、评估结果等过程。企业的决策行为不仅仅会受到市场环境的影响，更为显著的是它还会受管理者个人决策行为的影响，这种影响作用尤其在企业高层管理人员或经理身上反映突出。原因是，企业的高层管理人员或企业经理作为企业决策的重要人员，其决策方式或想法将会显著直接地影响企业的生产经营行为。

社会责任的本质是道德行为，判断其是否符合道德行为的标准是商业伦理判断，即其是利己主义还是功利主义。利己主义关注企业组织的自身利益，这一理论认为管理决策的道德性在于这一决策能否为本企业带来最大的利益，只要能为本组织带来最大收益的决策就是道德的，决策的道德性同利益相关者的利益无关，同顾客的利益无关。当然，这并不意味着管理决策会伤害到利益相关者，企业决策可能对顾客和利益相关者有利，但在利己主义理论看来，这不是决策道德的考虑范围，伦理是谋求企业组织自身利益的工具。作为企业追求经济利益最大化的利己主义决策机制而言，关注产出与绩效最大化是企业的最高指导原则，在实现自身利益的同时全社会的福利自然也会实现，这是它的基本表征。在利己主义决策机制下，企业不注重为员工提供良好的生产环境，忽视劳动健康与安全保障，践踏人权，降低了员工对企业的认同度与工作满意度，造成员工离职所带来的运营风险。

利己主义者认为，行为的正确与否主要看它的产生是否使行为者的效用最大化，且这种行为是否符合道德评判标准。这种观点实质上是以追逐个人私利为最终目标，所有能够提升自我效用的行为都是正当、合理的，而未能考虑对其他人所造成的影响。这并不代表行为者的决策一定会给其他人带来负面效应，对个体（个人或企业）所做出的有利决策也可能产生正向的外部效应，对一个社区或国家都产生有益影响，但是决策者考虑的范围不包括行为者以外的其他人的效用最大化问题。一般而言，利己主义主要分为短视与开明两大类别。短视的利己主义目光短浅，只关注短期内直接的影响结果而不考虑长远的间接影响结果，最终会造成和原有利益目标背道而驰的后果。开明的利己主义也被称为合理的自我利益，它将决策行为的短期直接效用与长期的间接效用同时纳入决策的范围，甚至会考虑二者加总的效用总量。从这个视角出发，开明的利己主义综合考虑了行为者的决策与其他人的相互作用关系，不良的决策反过来也给企业造成负面的效应，如无故延长员工的工作时间来获取短期利润的决定会磨灭员工的积极性和对组织的忠诚度，导致长期损失大于短期收益。重视短期收益可能会支持这一决策，但更加注重长期自我效应的行为者一定会否定它，因为行为者深知在长期内成本与收益的关系。由于企业的利己主义决策机制和企业的社会责任存在一些差异，由此可以推断，企业的利己主义决策机制可能会削弱社会责任对战略风险的影响。因此，提出如下推断。

H4：利己主义决策作为调节变量，将弱化利益相关者责任规避战略风险的程度。

H4a：利己主义决策作为调节变量，将弱化利益相关者责任规避假设风险的程度。

H4b：利己主义决策作为调节变量，将弱化利益相关者责任规避治理风险的程度。

H4c：利己主义决策作为调节变量，将弱化利益相关者责任规避错位风险的程度。

H4d：利己主义决策作为调节变量，将弱化利益相关者责任规避刚性风险的程度。

2.3 本章小结

本章在探究有关商业伦理、企业社会责任及战略风险的研究成果的基础上，具体分析了企业利益相关者对不同类型的战略风险的影响，进一步探讨商业伦理决策机制下企业社会责任对战略风险的影响，从而探索企业社会责任与战略风险的关系。基于此，本章首先建立了理论框架，在此基础上以企业社会责任为解释变量，以战略风险为被解释变量，以融合功能、约束功能及伦理决策机制为调节变量，在逐层分析各变量关系的基础上进一步提出研究假设。

3　研究设计与测试方法

根据前文的研究假设，本章进行问卷的设计，进而详细阐释问卷所涉及的各变量具体测量项目的选择及通过小样本预测试对变量进行信度与效度检验，最后根据小样本问卷对问卷的措辞及排列顺序进行修订，从而得到问卷的最终版本。

3.1　问卷设计

本书的原始资料主要是通过问卷调查的方式获取。（见附录）考虑到调查的难度，为了便于和被调查者合作，本书在进行问卷的设计时，不仅考虑问题的全面性，而且使问题易于回答。

3.1.1　问卷设计的内容

问卷调查法就是研究者用控制式的测量对所研究的问题进行度量，从而收集到可靠的资料的一种方法。一般来讲，问卷较访谈表要更详细、完整和易于控制。问卷法的主要优点在于标准化和成本低。问卷法是以设计好的问卷工具进行调查，问卷的设计要求规范化并可计量。调查问卷一般由卷首语、问题与回答方式、编码、其他资料四个部分组成。卷首语的内容包括调查的目的、意义和主要内容，选择被调查者的途径和方法，对被调查者的希望和要求，填写问卷的说明，回复问卷的方式和时间，调查的匿名和保密原则，以及调查者的名称等。为了能引起被调查者的重视和兴趣，争取他们的合作和支持，卷首语的语气要谦虚、诚恳，文字要简明、通俗、有可读性。问题和回答方式是问卷的主要组成部分，一般包括调查询问的问题、回答问题的方式及对回答方式的指导和说明等。编码是对每一份问卷、问卷中的每一个问题和每一个答案都编定一个唯一的代码，并以此对问卷进行数据处理。

本书围绕商业伦理下企业社会责任与战略风险之间的关系展开相关研究，要求问卷内容能为各部分研究内容提供所需的有效数据。围绕各部分研究的目的和内容，所设计的调查问卷的基本内容包括：填报者与企业的基本信息；利益相关者与企业社会责任关系的相关因素；引起不同类型战略风险因素的判断；商业伦理功能与决策机制对企业影响的判断。

3.1.2 问卷设计的依据

问卷设计依赖于研究假设中所涉及的变量，其重点在于尽可能采纳最优题项或条目来测量涉及的概念、建构或变量。总之，问卷设计是依据调研与预测的目的，开列所需了解的项目，并以一定的格式将其有序地排列组合成调查表的活动过程，其实质是选择、测验并确定建构测量条目的过程。调查的问卷设计、项目评价的评价指标体系设计都必须以信度和效度理论为基础，即问卷的价值取决于其信度和效度。信度和效度水平的高低直接决定着社会调查和项目评价的成败。调查问卷的问题设计和项目评价中评价指标体系的设计，统称为调研指标体系设计，简称为指标体系设计。在文献中广为认可的量表往往被不同的研究人员在不同的研究环境和不同的被调查群体中使用过，反复的应用确保了这些量表能够贴切地测量它们所代表的概念和变量，既保证了问卷的效度，又证实了这些变量的稳定性和准确性，即保证了问卷的信度。信度是调研数据与项目评价数据可靠性的重要指标，是数据的可靠程度。信度反映的是调研数据的客观性，即针对收集到的数据，要检验这些数据是否能反映客观现象，不是随意填报的。在数据分析中，为了能够对数据的信度实施检验，通常在设计指标项时，需要做好以下准备工作。一是精心设计每一个指标项，主要包括三个方面的内容：从同一问题不同的侧面设计调查指标项；有意识地设计出某些校验项；针对同一组样本多次测量。二是基于小样本调研数据分析其信度，主要包括四个方面的内容：对相关数据项进行一致性检验；总体属性和子属性的一致性检验；复本数据的一致性检验；校验项的一致性检验。效度是指问卷设计中能够真正、正确地揭示所研究问题的本质和规律的有效程度，要求测量结果能够全面、客观地表现出测量目标的属性。效度是对测量性质准确性和测量结果正确性的评价。在具体的调查问卷中，效度是反映调查题项最终效益和价值的重要指标，对于任何一个调查问卷，都以获得有效的、有价值的研究结论作为最终目标。一个问卷的效度是否达到较高水平，主要体现在两个方面：一是问卷题项或条目的质量，主要是测量的覆盖度和测量区分度，简称结构效度；二是测量数据的信度，主要指被试对象的选择、被试对象的态度和严谨性。信度和效度是量表成熟的标志，而使用成熟量表风险较小。当然，沿用现有量表也存在一定的局限性。第一个问题就是量表的情景化。许多现有的成熟量表都是在西方研究者对企业现象进行观察和总结的基础上建立起来的，因此在不同经济文化背景中应用时需要考虑情景化的问题。第二个问题涉及量表的时效性。量表的形成、发展和成熟需要经历漫长的过程，而市场环境瞬息万变，这就需要研究者在直接利用成熟量表时考虑时代背景的演化。第三个问题是量表的准确性。沿用西方的量表不可避免地会存在概念、文化和样本上的适用问题，因此，即使尽量沿用原始量表的所有问题，也必须仔细地测试和确认该量表翻译之后的信度和效度。

基于此，笔者在问卷设计时，为了保证调研数据的信度和效度，主要采用以下几种方法。

（1）采用权威的量表

对于已经确定的研究问题，一定要首先判断是否存在权威的量表。如果存在权威的量表，就直接使用权威量表，不要自己另起炉灶，重新设计调研指标体系。

（2）自设指标体系，完善指标体系

在开展问卷调查或者评价性研究时，大多数情况下可能找不到适用的、权威的量表，这就需要根据自己的研究问题自行设计调研指标体系，或者在已有的量表基础上补充某些指标项，以构建符合当前研究问题的调研指标体系。

3.1.3 问卷设计的原则

问卷设计的好坏在很大程度上又与设计原则有关，其主要的设计原则有下面六个。

（1）目的性原则

问卷设计的主要目的都是提供给管理决策所需的信息，以满足决策者的信息需要。问卷设计者必须透彻了解调研项目的主题，能拟出可从被调查者那里得到最多资料的问题，做到既不会因为遗漏一个问句导致需要的信息资料残缺不全，也不浪费一个问句去取得不需要的信息资料。因此，本书在设计问卷时从实际出发拟题，问题目的明确，重点较突出。

（2）合理性原则

合理性指的是问卷必须紧密与调查主题相关，若违背了这项原则，那么设计再精美的问卷都是无益的。而所谓问卷体现调查主题，就是在问卷设计之初要找出与"调查主题相关的要素"。在调查问卷设计时若内容过多，会使参与者没有耐心完成全部调查问卷。这是调查最常见的误区之一。如果一份调查问卷在20分钟之内还无法被完成，那么一般的被调查者都难以忍受，除非这个调查对他非常重要，或者被调查者是为了获得奖品才参与调查，否则即使完成了调查，也隐含一定的调查风险，如被调查者没有充分理解调查问题的含义，或者没有认真选择问题选项，最终会降低调查结果的可信度。

（3）逻辑性原则

问卷的设计要有整体感，这种整体感即是问题与问题之间要具有逻辑性，独立的问题本身也不能出现逻辑上的谬误。问题设置紧密相关，从而能够获得比较完整的信息。调查对象也会感到问题集中、提问有章法。一份设计成功的问卷，问题的排列应有一定的逻辑顺序，符合应答者的思维顺序。一般是先易后难、先简后繁、先具体后抽象。这样，能够使调查人员顺利发问、方便记录，并确保所取得的信息资料正确无误。因此，逻辑性的要求是与问卷的条理性、程序性分不开的。本书在设计问卷时，将差异较大的问卷分块设置，从而保证了每个"分块"的问题都密切相关。

（4）明确性原则

所谓明确性，就是问题设置的规范性。这一原则具体是指命题是否准确，提问是否清晰明确、便于回答，被访者是否能够对问题做出明确的回答。在问卷设计时尽可能做到：一是不设置引导性的或者隐晦性的假设问题；二是问题设置不要太笼统；三是问题要设置在中性位置、不参与提示或主观臆断，完全将被访问者的独立性与客观性摆在问卷操作的限制条件的位置上。如果设置具有诱导性和提示性，就会在不自觉中掩盖事物的明确性和真实性。

（5）可靠性原则

问卷设计的质量高低在很大程度上取决于问卷条款的设计。调查问卷的结果是本书的主要数据来源，因此设计力求简洁明了、通俗易懂、结构合理、逻辑性强，在使问卷最大程度涵盖各个方面的前提下，提高问卷的易填写性和数据可靠性，确保问卷的有效回收率。

为了保证问卷具有较高的可靠性和有效性，本书在形成正式问卷之前先进行小样本试测，并对试测结果进行信度和效度分析，根据分析结果筛选问卷题项，从而提高问卷的信度和效度。

（6）便于处理性原则

便于处理是指要使被调查者的回答便于进行检查、数据处理和分析。设计好的问卷在调查完成后，能够方便设计者对所采集的信息资料进行检查核对，以判别其正确性和实用性，也便于对调查结果进行整理和统计分析。如果不注意这一点，很可能出现信息资料获得很多，但是统计处理却无从下手的难堪局面。因此，成功的问卷设计除了考虑紧密结合调查主题与方便信息收集，还要考虑调查结果的容易得出和调查结果的说服力。这就需要考虑问卷在调查后的整理与分析工作。

3.1.4 问卷设计的过程

问卷在设计时充分考虑了前面的理论框架和研究假设的相关变量，并广泛征求专家意见。在问卷项目设计科学、调查程序实施合理的情况下，主观定性测量方法也是一种行之有效的方法，若能有一些客观测量对其进行佐证，则效果更为理想。科学研究表明，如果变量的测量题项存在一致性，那么运用多个题项能提高变量的信度，所以为了保证可信度，问卷中应含有一些鉴别性问题。研究涉及的各个变量因素都应由多个问项表示，每一个因素都尽可能用主观判断和客观数据相结合的题项来描述，因此，本研究将问卷调研工作分为以下几个步骤进行。

第一步，设计变量测量题项。为了更好地反映在商业伦理背景下，利益相关者面对不同阶段的战略风险时该如何应对以达到实现企业长远发展的目标，问卷设计中也包含一些定量测量项目，问卷所包含的题项大多来自国内外文献的有关研究，同时结合能够检索到的各种公开信息源，如各种公开的大型数据库、中国知网、维普数据库等检索系统及有关的网站（如人大经济论坛等），以此为依据收集变量初始测量题项。

第二步，在前面完成相关的测量指标和测量题项设定的基础上，结合对有关企业的利益相关者的访谈，以此为基础设计完成初始问卷。同时，为了避免问卷调研过程中存在调研问题有歧义、调研资料不全面等问题，首先对拟调研的企业进行初步调研，在此基础上形成初始问卷。

第三步，在文献研究和深度访谈的基础上，根据研究假设设计出测量项目的初稿，力求最大程度反映所需要测量的变量属性，然后进一步与相关的专家学者、老师及同学商榷，对内容进行改动调整，得到问卷的修改版本，通过咨询学术界研究人员的意见对题项进行修订或者对文献中查找不到的测量项目通过咨询专家和深度访谈来确定，并对有文献研究基础的测量项目进一步咨询，增强问卷的内容效度，力求测度项目与实践最大限度地符合。对于问卷初稿的题项设计、语言表述、测量内容、结构编排、问卷格式等问题，与管理领域的教授、副教授、讲师及几位博士生进行讨论，征求其意见。根据其反馈，对题项进行部分修订。

第四步，小样本预测试。在得到问卷的修改版本后，在大样本调查前，为了保证调查问卷的信度和效度，需要进行小样本的预测试，以确定问卷实际调查中的有效性和可靠性，并对出现的问题及时调整和修正。在综合分析试调研结果的基础上，再对题项措辞进行了调整，使调研问卷得到进一步完善。

第五步，确定最终版正式问卷并发放。在小样本测试后对问卷初稿进行了进一步修正，对调查问卷的版面设计、提示、字体等细节问题进行了仔细审查和修改，最终确定正式问卷并发放，同时对问卷的信度进行检验，删除信度较低的测量题项，确定最终研究题项。本书按照以下流程进行问卷设计（见图3-1）。

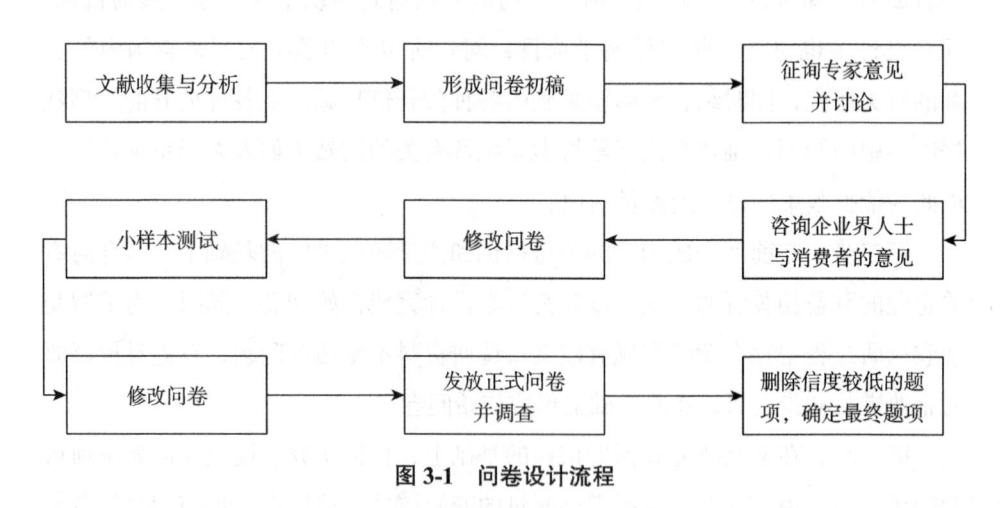

图3-1 问卷设计流程

3.2 变量的选择与测量

3.2.1 解释变量

本书的解释变量是企业社会责任，因其主要是从利益相关者的视角来研究企业的经济责任、法律责任、伦理慈善及环境责任，企业社会责任要求企业必须超越把利润作为唯一目标的传统理念，强调要在生产过程中对人的价值的关注，强调对环境、消费者、社会的贡献。因此，本书也使用利益相关者的方法进行测量，对于利益相关者的选择，在综合国内外学者研究成果的基础上，还听取了部分企业管理层对企业承担社会责任的意见，最终将利益相关者确定为股东、员工、经营者、消费者、供应商、政府、社区及合作伙伴。

3.2.1.1 企业对股东的责任

在市场经济条件下，企业与股东的关系实际上是企业与投资者的关系，这是企业内部关系中最主要的内容。现代社会中，股东队伍越来越庞大，遍及社会生活的各个领域，企业与股东的关系逐渐具有了企业与社会的关系的性质，企业对股东的责任也具有社会性。企业对股东的责任既是法律上的责任，也是道德上的责任，股东权益的真正获得还要依赖于企业的良心和强烈的社会责任感。企业对股东的责任主要表现在以下三个方面：一是企业应严格遵守有关法律规定，对股东的资金安全和收益负责，力争给股东丰厚的投资回报；二是企业有责任向股东提供真实、可靠的经营和投资方面的信息，不得欺骗投资者；三是企业在制定和执行长期发展战略的前提下，要在利益相关者范围内进行公司治理；四是企业要保证在股东满意的前提下，严格监督股东的生产效率，因为企业的最终目标是要做到员工满意、顾客满意和股东满意。其中，员工满意是顾客满意和股东满意的基础，只有员工满意，才能为工作投入更多的热情，从而创造出更多的顾客满意，才能保证企业的持续生存和发展、保证企业的利润，从而保证股东满意。

3.2.1.2　企业对员工的责任

企业对员工的责任属于内部利益相关者的问题。通常来说，企业会更多地考虑雇员的地位、待遇和满足感。在全球化背景下，劳动者的权利问题受到了世界各国政府及各社会团体的普遍重视。一般来说，企业对员工的责任主要表现在以下四个方面：一是为员工提供稳定的工作岗位和良好的薪酬福利待遇。企业在遵守劳动合同的前提下，为员工提供稳定的工作岗位，按时足额发放工资和缴纳社会保险金，保障员工休息和休假的权利。企业建立合理的员工薪酬制度并让员工持股，形成资本所有者与劳动者的利益共同体，让员工享有良好的薪酬福利待遇。二是保护员工的个人资料和隐私。企业在收集和管理员工可识别信息的过程中，应遵循恰当的标准和流程，切实保护员工的隐私。三是企业能够对员工进行完善的职业生涯管理。企业不仅要生产优质的产品和提供优质的服务，而且应当培养优秀的人才。企业有义务为员工提供不断成长、挖掘个人潜力和进行成功职业规划的机会，这样员工的工作内容才会更加丰富、更具有挑战性，企业才能从中获益。四是企业给员工提供参与管理的机会。企业的发展需要员工的支持，企业对员工有效激励能调动员工的积极性，其中奖励制度的设计、职位系列的设计及员工培训开发方案的设计等，是常见的行之有效的方法。

3.2.1.3　企业对经营者的责任

企业对经营者的责任主要体现在以下四个方面：一是企业为经营者制定科学透明的薪酬体系，包括建立合理的岗位等级制度、做好企业薪酬定位、建立薪酬激励及合理的福利制度等。二是为经营者提供稳定的工作，并提供培训和学习的机会。企业与经营者的关系更像是合作伙伴的关系。企业不仅要为经营者提供稳定的工作，还要给其提供学习成长的机会。经营者不仅要干好分内工作，还要努力为企业创造更多其他价值。三是企业要帮助经营者树立威信及权力地位。企业要赋予经营者权力，帮助经营者树立威信，经营者在日常管理工作中要牢牢掌握权力，要学会善用权力指示、指导员工，也能有效纠正员工的过失。四是企业要保证高层领导中有妇女和少数民族成员。企业在选拔和任用干部时，要有适当数量的妇女担任领导成员。

3.2.1.4　企业对消费者的责任

企业与消费者是一对矛盾统一体。企业利润的最大化最终要借助消费者的购买行为来实现。企业对消费者的责任主要体现为以下四个方面：一是企业应为消费者提供物美价廉、安全、舒适、耐用的商品和周到的服务。满足消费者的物质和精神需求是企业的天职，也是企业对消费者的社会责任。二是对消费者的社会责任要求企业对提供的产品质量和服务质量承担责任，履行对消费者在产品质量和服务质量方面的承诺，不得欺诈消费者和牟取暴利，在产品质量和服务质量方面自觉接受政府和公众的监督。三是企业要积极响应并处理投诉事件。面对投诉，企业要敢于面对并立即处理，逃避或者推卸责任不但不能解决问题，反而会激起消费者的反感情绪。四是企业要为消费者提供良好的售后服务。售后服务是企业要关注并强化的部分，只有给消费者提供更多有价值的售后服务，企业才能获得良好的口碑和忠实的消费群体。

3.2.1.5　企业对供应商的责任

按照供应链管理思想，企业和供应商是亲密的合作伙伴，与其结成长期、稳固的战略伙伴，以使企业实现降低成本、减少库存，缩短产品开发、生产和投放市场周期的目标。因此，企业要选择资质良好的供应商，与其建立长期、稳定和亲密的战略合作关系，帮助其改进产品的生产质量和技术研发水平。另外，企业要建立与供应商的数据分析平台，实现信息共享，把产品的开发从一个企业扩展到一个产业链的大系统，使供应商与市场衔接得更加紧密。企业要积极邀请供应商参与产品的开发，实施标准化管理以降低成本，实现产品的高质量和生产的高效率。

3.2.1.6　企业对政府的责任

在现代社会，政府承担为民众和各类社会组织服务、维护社会公正的责任。

在这种制度框架下,企业要自觉按照政府有关法律、法规的规定,合法经营、照章纳税,承担政府规定的其他责任和义务,并接受政府的监督和合法干预。

3.2.1.7 企业对社区的责任

企业是社会的组成部分,更是所在社区的组成部分,与所在社区建立和谐融洽的关系是其重要的社会责任。企业对社区的责任就是回馈社区,如为社区提供就业机会、为社区的公益事业提供慈善捐助、向社区公开企业经营的有关信息等。特别指出的是,有责任的企业通过适当的方式把利润中的一部分回报给所在社区是其应尽的义务。企业通过向社区劳动力提供就业机会、进行社区投资的方式促进社区经济发展,提高社区的生产总值等各项指标,还能适应社区的要求,为社区分忧解难。

3.2.1.8 企业对合作伙伴的责任

企业合作伙伴是指为了生产的需要,基于企业自身,在产品的原材料供应、制造、销售及售后中具有合作关系的企业。企业与合作伙伴之间的合作具有平等主体性、意思真实性、对外合作性与对内竞争性、权利义务对应性等特点。企业对合作伙伴承担社会责任的具体内容为:利益共享、风险共担、诚实信用、必要的科学技术支持,及时高效的信息共享,产品质量监督,监督生产中其他违法、违规及违德行为。

企业对合作伙伴应该承担社会责任,但是目前我国企业对合作伙伴承担社会责任时存在许多问题,制约了企业对合作伙伴社会责任规范的发展。这些问题主要有:企业合作伙伴之间权利义务不对等,企业合作伙伴之间不诚信,侵犯企业合作伙伴的知识产权,企业合作伙伴之间缺乏信息共享,提供质量不合格的原材料、产品,对"血汗工厂"的监督不到位等。对此,企业与合作伙伴应建立平等互利的利益共享、风险共担机制,建立健全社会诚信体系,完善我国相关法律、法规,及时高效地信息共享,建立全方位的社会监督体系,完善国内社会责任 SA8000 体系等。

通过以上分析，本书对战略风险的测量采用西蒙斯开发的量表，并参考王站杰（2017）的相关研究，测量题项量表综合考虑了企业内外多种影响因素，全面客观地反映企业战略风险的总体情况，具体题项见表3-1。

表 3-1　企业社会责任的测量题项

利益相关者	代码	测量题项
供应商	QS1	本公司与供应商建立良好的合作关系
	QS2	本公司避免选择和过于依赖独家供应商
	QS3	本公司避免缺乏科学的选择方法
	QS4	本公司考量供应商的商品质量及价格、交货时间、服务水平
	QS5	本公司评估供应商的生产能力是否能配合公司的成长
	QS6	本公司要求供应商遵守商业道德
	QS7	本公司对供应商提供的产品具有稳定的需求
	QS8	本公司能够及时向供应商付款
员工	CLK1	本公司为员工提供良好的薪酬体系
	CLK2	本公司为员工安排相关技能和管理的培训
	CLK3	本公司为员工建立更好的奖励机制和员工生活保障体系
	CLK4	本公司不断完善和建立企业核心文化
	CLK5	本公司可以为员工建立一个良好的文化氛围和舒心的工作场所
	CLK6	本公司为员工提供灵活的工作时间
员工	CLK7	本公司为员工制定和提供清晰的发展路径和上升空间
	CLK8	本公司与员工依法签订劳动合同
	CLK9	本公司维护员工权益
股东	SH1	本公司严格按法律规定向股东披露信息、上报或公布真实信息
	SH2	本公司依照股东所持有的股份份额获得股利和其他利益分配
	SH3	本公司按照相关规定给予股东应有的权利与义务
	SH4	本公司树立良好的企业声誉与行业竞争力
	SH5	本公司给予股东的红利随企业价值增长而增长
	SH6	股东对企业的重大决策提出关键性的意见
经营者	AEO1	本公司积极进行生产研发活动，经常推出新的产品与服务
	AEO2	经营者应做出能够使企业长期获利的正确的决策
	AEO3	经营者利用合法的手段努力为公司获取利润
	AEO4	经营者努力为企业争取大的市场份额

续表

利益相关者	代码	测量题项
经营者	AEO5	本公司不干涉员工个人的宗教信仰
	AEO6	本公司生产经营的所有活动严格遵循法律法规
	AEO7	本公司经营者提升自己的人力资本、发展空间
	AEO8	本公司良好的企业形象
消费者	CSM1	本公司应该保障产品的质量与安全
	CSM2	本公司应该为消费者建立良好的消费环境与提供优良的服务
	CSM3	本公司应保证消费者的售后服务质量
	CSM4	本公司应向消费者提供真实、全面的信息
	CSM5	本公司的商品、服务应当明码标价
	CSM6	本公司应当听取消费者的意见并且接受监督
社区	CBO1	本公司应当扶持社区的教育文化事业和社会公益事业，扶贫济困
	CBO2	本公司应当吸收社区的人员就业
	CBO3	本公司应当维护社区环境、保障社区居民安全
	CBO4	本公司应当为社区提供部分服务，如交通、治安保卫等
	CBO5	本公司应当参与社区建设活动，繁荣社区的经济文化生活
合作伙伴	AIC1	本公司通常与合作伙伴互相尊重、风险共担、利益共享
	AIC2	本公司对合作伙伴诚实守信
	AIC3	本公司为合作伙伴提供必要的科学技术支持
	AIC4	本公司与合作伙伴进行及时高效的信息共享
	AIC5	本公司与合作伙伴互相进行产品质量监督
	AIC6	本公司与合作伙伴建立长期的合作
	AIC7	本公司为合作伙伴提供管理经验
政府	GOV1	本公司合法经营并照章纳税
	GOV2	本公司应当接受政府的依法监督和干预
	GOV3	本公司通过慈善公益不断回馈与服务社会
	GOV4	本公司应帮助政府治理环境
	GOV5	本公司应不断打造自身品牌，协同中国制造走向世界
	GOV6	本公司为民众提供就业机会

3.2.2 被解释变量

本书的被解释变量是企业战略风险。企业是一个民族独立发展的重要因素之一，战略风险能对企业的竞争优势与整体绩效产生深刻影响，并且具有不确定性。企业的管理是每个企业能否存在并长久发展的核心问题。为了迎合不同时期不同的文化、政治、经济要求，企业的管理也日臻完善，在不断变化的竞争环境中企业的战略风险日益加剧，这就要求学术界及业界加强对战略风险的研究。

企业战略风险的形成是多种因素共同作用的结果，是一个系统化的过程。如果系统运作出现了不平衡，会使企业丧失竞争优势，导致战略目标不能达成。从前一章的研究可知，战略风险是从战略管理过程中派生出来的，即在战略分析、战略选择和战略实施阶段都会出现企业战略风险，一个阶段的战略任务不同，呈现的战略风险也是不同的，它们共同构成了企业战略风险的整体。因此，本书将战略风险划分为四个维度进行测度，这四个维度分别为战略假设风险、战略治理风险、战略错位风险、战略刚性风险。其中，战略分析能力、企业愿景、信息化水平等属于战略假设风险；决策风险、治理风险、战略问题等属于战略治理风险；竞争风险、组织与文化、运营风险属于战略错位风险；环境、声誉、资产损失等属于战略刚性风险。具体题项见表 3-2。

表 3-2 战略风险的测量题项

维度	代码	测量题项
战略假设风险	SAR1	公司战略分析人员的信息获取能力低下引起的风险
	SAR2	公司战略分析人员的分析能力与经验技能薄弱引起的风险
	SAR3	公司对企业愿景错误理解而使风险增加
	SAR4	公司没有明确的企业愿景而成为其弱点
战略治理风险	SGR1	公司领导者的决策错误所引起的风险
	SGR2	利益相关者之间权利失衡导致风险的加速产生
	SGR3	公司治理方案的错误率提升会增加风险产生的可能性

续表

维度	代码	测量题项
战略治理风险	SGR4	公司的决策者不善于听取他人意见导致公司发展停滞不前
	SGR5	公司行为准则模糊与商业道德的不规范最终导致风险加重
	SGR6	公司的监督机制与管理机制失灵使战略风险加剧
	SGR7	公司授予股东的管理权力被滥用致使风险产生
	SGR8	公司经营过程的不合理性与不透明性进一步加剧公司的风险
战略错位风险	SDR1	公司执行人员根据既定的战略实行变革管理的能力不足
	SDR2	公司优化企业组织结构、重组企业业务流程的能力较低
	SDR3	公司不具备设计和实施各种业务策略的能力
	SDR4	公司不能动态修正战略假设并调整战略导致战略错位风险
	SDR5	公司获取反馈信息并适时处理信息的能力低下
	SDR6	公司不具备调整战略实施进程和绩效的能力体系导致错位风险
战略刚性风险	SRR1	公司打破当前的组织结构加剧风险
	SRR2	公司改变现有的生产流程致使风险产生
	SRR3	公司革新破坏了当前的权力结构导致风险产生
	SRR4	公司员工对新环境的抵触情绪加剧刚性风险

3.2.3 调节变量

基于前文对商业伦理的研究，将商业伦理的功能（融合功能与约束功能）、决策机制（利己主义决策）作为调节变量，对利益相关者影响战略风险的程度进行研究，并对相关的调节变量设计测量项目。本书关于调节变量的测量主要围绕商业伦理的功能与决策机制这两个维度展开。如前文所述，企业商业伦理的功能和伦理决策与企业承担社会责任是一致的，因此，结合对企业社会责任测量项目的思考，本书设计了有关商业伦理功能与决策的测量项目，每一个测量项目的具体内容见表3-3。

表 3-3　商业伦理功能与决策的测量项目

维度	内容	代码	测量项目
商业伦理功能	融合功能	FF1	融合功能有利于企业得到法律保护和社会认可
		FF2	融合功能有利于企业形成竞争优势
		FF3	融合功能有利于企业争取更大的市场份额
		FF4	融合功能有利于提高企业的声誉
		FF5	融合功能有利于企业得以长期生存与发展
	约束功能	CF1	约束功能有利于企业形成有效的规章制度
		CF2	约束功能有利于企业严格质量管理
		CF3	约束功能有利于企业员工产生动力
		CF4	约束功能有利于企业吸引合作者
		CF5	约束功能有利于企业高效发展
伦理决策机制	利己主义决策	EDM1	公司的决策有利于长期利润的积累
		EDM2	公司的决策有利于成本的削减
		EDM3	公司的决策有利于技术的可行性
		EDM4	公司的决策有利于股东的利益
		EDM5	公司的决策有利于消费者的利益
		EDM6	公司的决策有利于员工忠诚度的提高
		EDM7	公司的决策有利于降低经营风险

3.2.4　控制变量

除解释变量外，一些控制变量可能对被解释变量（即企业战略风险）产生影响，这些控制变量包括企业特征、政治环境和人口统计属性等。基于此，本书主要选择以下变量作为控制变量，大体可以从企业特征和人口统计属性两个层面进行测量。在企业特征层面，主要有以下三个方面。

3.2.4.1　企业规模

企业规模对企业战略风险具有强有力的解释作用。企业规模越大，其拥有或控制的资产越多，越能够发挥杠杆作用，企业的规模经济效应和信誉优势越明显，则企业战略风险可能会降低。此外，企业规模对企业社会责任表现有正向作用，为企业履行社会责任提供了必要的物质资源。同时，企业社会责任对企业规模也具有反作用，或者说企业要发展壮大并持续经营，离不开对利益相关者的责任。从这个角度看，企业规模还对企业的运营绩效和组织效能具有重大影响。因此，本书将企业规模作为影响企业战略风险的控制变量，利用企业年末资产总额的自然对数来测量企业规模。

3.2.4.2 企业品牌

企业品牌作为企业的经营保障之一，在创立和发展过程中始终面临战略风险。产品质量引发的品牌风险主要是由产品质量不合格造成，但这种涉及质量的事件往往后果会很严重，有可能对企业品牌造成致命打击。

3.2.4.3 行业属性

行业的总体利润、资本密集度、行业生命周期、竞争强度等都是行业属性中的一部分。不同的行业属性与特点是不同的，其差异必然对企业战略风险产生影响。在分析行业影响时，根据中国证券监督管理委员会的行业分类代码和企业社会责任履行在行业上的不同，将行业分为制造业和非制造业（主要包括综合类、房地产业、批发和零售贸易、电力、煤气及水的生产和供应业、交通运输、仓储业和信息技术业），设置虚拟变量来区分不同行业对企业战略风险的影响。

企业的政治环境风险主要源于企业的海外市场。虽然国际市场潜力巨大，是我国企业进一步发展和壮大的舞台，但是企业经营或投资的所在国发生政治环境问题时，企业就会产生很大损失。因此，我国企业对目标市场的国家政治环境要提前进行预测分析，对其政治环境方面发生变化的可能性及这种变化对投资和经营活动可能产生的影响提前采取相应的对策，以减少或避免由于这种政治环境的变化而给企业带来的损失。如果在风险可控的前提下，我国企业可以和当地企业合资合作，提前培育本地的合资品牌，以降低政治风险带来的损失。

3.3 小样本测试

3.3.1 被调查者的基本信息及采用的方法

在人口统计属性上，由于本书选择的研究对象是企业人员，为了进一步增强模型的说服力，使研究结果更具代表性和客观性，因此对被调查者的基本信息进行了测量。

一是性别。将性别按照二分变量设置，即当性别为男性时，取值为 0；当性别为女性时，取值为 1。

二是年龄。将年龄划分为 19 岁及以下、20~30 岁、31~45 岁、46~55 岁、56 岁及以上 5 个类别。

三是工作职位。将职位划分为 4 组：一般员工、基层管理人员、中层管理人员、高层管理人员。

四是受教育程度。将受教育程度划分为 5 组：初中及以下、高中或中专、大专、大学本科、研究生，分别取 1~5。

五是任职时间。将工作年限划分为 5 个类别：1 年以下、1~2 年、3~5 年、6~8 年、9 年及以上。

需要说明的是，本研究主要采用问卷调查法，测量量表将采用李克特 5 级量表，受访者在每个题项下可以选择 1~5 的数字，得分表示题项与企业实际情况的相符程度，其中 1 表征非常不赞同，2 表征不赞成，3 表征一般，4 表征赞成，5 表征非常赞同，即随着数值的增大，被调查者对题项的满意程度越高。

3.3.2 数据收集及统计性描述

3.3.2.1 人口统计特征

为了获得更有效的问卷，在正式调研开始之前，进行了小样本探测性调研，从 2019 年 12 月起进行小样本调查。根据已有学者的研究抽样方式，主要采用随机抽样方法，本研究首先随机抽取 10 家企业，然后通过问卷星将已经做好的问卷以微信、QQ 及 E-mail 等方式进行发放，最后对相关数据进行收集与整理。通常来说，问卷星的三大优势如下：

一是高效率。网页、邮件多种回收渠道，结合独特的合作推荐模式，大大扩展了答卷数据的来源范围，在短时间内收集了大量高质量的答卷。

二是高质量。可指定性别、年龄、地区、职业、行业等多种样本属性，精确定位目标人群；还可以设置多种筛选规则与配额控制等条件自动筛出无效答卷，同时支持人工排查以确保最终数据的有效性。

三是低成本。严格按效果计费，无效答卷不计费。因此，本次调研共发出问卷 171 份，回收问卷 171 份，回收率为 100%。被调查者的基本信息统计描述具体见表 3-4。

从表 3-4 中可以看出，在性别方面基本持平，其中男性居多，占 53.2%，女性比例略偏低，这是符合实际情况的。从样本年龄分布上看，30 岁及以下的占 29.2%，31~45 岁的占 66.7%，46~55 岁的占 2.3%，56 岁及以上的占 1.8%。从受教育程度看，样本中 5.3% 的受教育程度为初中及以下，3.5% 的为高中或中专，0.6% 为大专，85.4% 为大学本科，5.3% 为研究生。在被调查者的行业工作经验中，23.4% 的人拥有 2 年及以下的行业经验，38.0% 的人拥有 3~5 年行业经验，28.1% 拥有 6~8 年行业经验，10.5% 拥有 9 年及以上行业经验。样本中 43.9% 的人为员工，35.0% 的人为基层领导，15.8% 为中层领导，5.3% 为高层领导。

表 3-4 调查对象的人口统计特征

调查内容		频数	百分比 /%	累计百分比 /%
性别	男	91	53.2	53.2
	女	80	46.8	100.0

续表

调查内容		频数	百分比 /%	累计百分比 /%
年龄段	30 岁及以下	50	29.2	29.2
	31~45 岁	114	66.7	95.9
	46~55 岁	4	2.3	98.2
	56 岁及以上	3	1.8	100.0
受教育程度	初中及以下	9	5.3	5.3
	高中或中专	6	3.5	8.8
	大专	1	0.6	9.4
	大学本科	146	85.4	94.7
	研究生	9	5.3	100.0
任职时间	2 年及以下	40	23.4	23.4
	3~5 年	65	38.0	61.4
	6~8 年	48	28.1	89.5
	9 年及以上	18	10.5	100.0
职位	员工	75	43.9	43.9
	基层领导	60	35.0	78.9
	中层领导	27	15.8	94.7
	高层领导	9	5.3	100.0

3.3.2.2 企业基本特征

从企业的组织类型来看，32.7% 的样本企业是个人独资企业，7.6% 是合伙企业，20.5% 是股份制企业，39.2% 是其他组织类型。从企业的行业类别属性看，25.1% 的企业立足于商贸业开展经营活动，19.9% 为服务业。从企业的所有制类型看，国有企业占比较高，其次为民营企业，还有其他所有制类型。从资产规模看，100 万元以下的占比 40.9%，1000 万元以上的占比 28.7%。从企业规模来看，占比顺序从高到低分别为大型企业、小型企业及中型企业。企业的基本特征见表 3-5。

表 3-5 企业的基本特征

调查内容		频数	百分比/%	累计百分比/%
组织类型	个人独资企业	56	32.7	32.7
	合伙企业	13	7.6	40.4
	股份制企业	35	20.5	60.8
	其他	67	39.2	100.0
行业类别属性	制造业	31	18.1	18.1
	商贸业	43	25.1	43.3
	服务业	34	19.9	63.2
	其他	63	36.8	100.0
所有制类型	国有企业	56	32.7	32.7
	民营企业	41	24.0	56.7
	三资企业	16	9.4	66.1
	其他	58	33.9	100.0
成立的时间	3年及以下	66	38.6	38.6
	4~6年	32	18.7	57.3
	7~9年	19	11.1	68.4
	9年及以上	54	31.6	100.0
现有资产规模	100万元以下	70	40.9	40.9
	101~500万元	33	19.3	60.2
	501~1000万元	19	11.1	71.3
	1000万元以上	49	28.7	100.0
员工人数	100人以下	64	37.4	37.4
	100~500人	33	19.3	56.7
	500~1000人	23	13.5	70.2
	1000人以上	51	29.8	100.0
规模	大型企业	63	36.8	36.8
	中型企业	51	29.8	66.7
	小型企业	57	33.3	100.0

3.3.2.3 利益相关者与企业社会责任

本书测量量表均采用李克特5级量表,受访者在每个题项下可以选择1~5的数字得分表示题项与企业实际情况的相符程度。表3-6显示了对于企业社会责任各测量条目的描述性统计。

表3-6 企业社会责任测量条目的描述性统计

题项	利益相关者	测量题项	最小值	最大值	均值	标准差
1	供应商	与供应商建立良好的合作关系	1	5	4.30	1.006
		避免选择和过于依赖独家供应商	1	5	4.19	0.941
		避免缺乏科学的选择方法	1	5	4.25	0.938
		考量供应商的商品质量及价格、交货时间、服务水平	1	5	4.25	0.902
		评估供应商的生产能力是否能配合公司的成长	1	5	4.27	0.908
		要求供应商遵守商业道德	1	5	4.35	0.884
		对供应商提供的产品具有稳定的需求	1	5	4.26	0.923
		能够及时向供应商付款	1	5	4.29	0.904
2	员工	为员工提供良好的薪酬体系	1	5	4.29	0.899
		为员工安排相关技能和管理的培训	1	5	4.28	0.922
		为员工建立更好的奖励机制和生活保障	1	5	4.38	0.875
		不断完善和建立企业核心文化	1	5	4.27	0.964
		为员工建立一个良好的文化氛围和舒心的工作场所	1	5	4.33	0.867
		为员工提供灵活的工作时间	1	5	4.25	0.895
		为员工制定和提供清晰的发展路径和上升空间	1	5	4.32	0.857
		与员工依法签订劳动合同	1	5	4.28	0.947
		维护员工的合法权益	1	5	4.35	0.878
3	股东	按法律规定向股东披露信息、上报或公布信息的真实	1	5	4.34	0.855
		依股东所持有的股份份额获得股利和其他利益分配	1	5	4.28	0.870
		给予股东应有的权利与义务	1	5	4.30	0.867

续表

题项	利益相关者	测量题项	最小值	最大值	均值	标准差
3	股东	树立良好的企业声誉与行业竞争力	1	5	4.32	0.872
		给予股东的红利随企业价值增长而增长	1	5	4.25	0.888
		股东对于企业的重大决策提出关键性的意见	1	5	4.26	0.898
4	经营者	公司进行研发活动并推出新产品与服务	1	5	4.24	0.858
		经营者应做出能使企业长期获利的正确的决策	1	5	4.29	0.844
		经营者利用合法的手段努力为公司获取利润	1	5	4.25	0.900
		努力为企业争取大的市场份额	1	5	4.25	0.913
		本公司不干涉员工个人的宗教信仰	1	5	4.18	0.950
		本公司生产经营所有活动严格遵循法律法规	1	5	4.30	0.913
		经营者提升自己的人力资本、发展空间	1	5	4.30	0.913
		本公司良好的企业形象	1	5	4.29	0.892
5	消费者	应该保障产品的质量与安全	1	5	4.39	0.856
		为消费者建立良好的消费环境与提供优良的服务	1	5	4.29	0.905
		应保证消费者的售后服务质量	1	5	4.31	0.896
		应向消费者提供真实、全面的信息	1	5	4.35	0.843
		本公司的商品、服务应当明码标价	1	5	4.35	0.856
		应当听取消费者的意见并且接受监督	1	5	4.33	0.907
6	社区	应扶持社区教育文化事业和社会公益事业，扶贫济困	1	5	4.30	0.913
		应当吸收社区的人员就业	1	5	4.35	0.849
		应当维护社区环境、保障社区居民安全	1	5	4.32	0.824
		应当为社区提供部分服务，如交通、治安保卫等	1	5	4.33	0.846
		应当参与社区建设活动，繁荣社区的经济文化生活	1	5	4.32	0.878
7	合作伙伴	与合作伙伴互相尊重、风险共担、利益共享	1	5	4.33	0.825
		对合作伙伴诚实守信	1	5	4.32	0.911
		为合作伙伴提供必要的科学技术支持	1	5	4.30	0.888

续表

题项	利益相关者	测量题项	最小值	最大值	均值	标准差
7	合作伙伴	与合作伙伴进行及时高效的信息共享	1	5	4.29	0.879
		与合作伙伴互相进行产品质量监督	1	5	4.34	0.848
		与合作伙伴建立长期的合作	1	5	4.32	0.865
		为合作伙伴提供管理经验	1	5	4.27	0.875
8	政府	本公司合法经营并照章纳税	1	5	4.35	0.815
		本公司应当接受政府的依法监督和干预	1	5	4.32	0.838
		本公司通过慈善公益不断回馈与服务社会	1	5	4.33	0.847
		本公司应帮助政府治理环境	1	5	4.26	0.898
		本公司应不断打造自身品牌，协同中国制造走向世界	1	5	4.33	0.867
		本公司为公民提供就业	1	5	4.28	0.890

3.3.2.4 战略风险

从表 3-7 可知，战略假设风险所设的题项均值偏高，由此可知，战略分析阶段存在的"假设风险"相比于其他阶段的风险更为重要。企业是一个有生命的组织，如果它没有思想、精神与灵魂，它就会失去生命，这种精神的东西就是企业的使命、愿景、价值观。如果战略分析阶段存有问题，则战略选择和战略实施两个阶段也必将受很大的影响。

表 3-7 战略风险测量条目的描述性统计

题项编号	战略风险维度	测量题项	最小值	最大值	均值	标准差
1	战略假设风险	公司战略分析人员的信息获取能力低下引起的风险	1	5	4.30	0.848
		公司战略分析人员的能力与经验薄弱引起的风险	1	5	4.25	0.887
		公司对企业愿景错误理解而使得风险的增加	1	5	4.30	0.875
		公司没有明确的企业愿景而成为其弱点	1	5	4.32	0.850

续表

题项编号	战略风险维度	测量题项	最小值	最大值	均值	标准差
2	战略治理风险	公司领导者的决策错误所引起的风险	1	5	4.29	0.879
		利益相关者之间权利失衡导致风险的加速产生	1	5	4.35	0.878
		公司治理方案错误率提升会增加风险产生的可能性	1	5	4.28	0.828
		决策者不善于听取他人意见导致公司发展停滞不前	1	5	4.26	0.865
		公司行为准则模糊与商业道德不规范导致风险加重	1	5	4.25	0.880
		公司的监督机制与管理机制失灵使风险加剧	1	5	4.26	0.885
		授予股东的管理权力被滥用致使风险的产生	1	5	4.32	0.845
		公司经营过程的不合理与不透明加剧公司的风险	1	5	4.29	0.859
3	战略错位风险	公司执行人员根据既定的战略实行变革的能力不足	1	5	4.28	0.835
		优化企业组织结构、重组企业业务流程的能力低下	1	5	4.30	0.834
		公司不具备设计和实施各种业务策略的能力	1	5	4.22	0.886
		不能动态修正战略假设调整战略导致战略错位风险	1	5	4.19	0.894
		公司获取反馈信息即战略实时进程信息的能力低下	1	5	4.22	0.880
		未能调整战略实施进程和绩效体系导致错位风险	1	5	4.24	0.872
4	战略刚性风险	公司打破当前的组织结构加剧风险	1	5	4.23	0.863
		公司改变现有的生产流程致使风险产生	1	5	4.25	0.867
		公司革新破坏了当前的权力结构导致风险的产生	1	5	4.25	0.873
		公司员工对新环境的抵触情绪加剧了刚性风险	1	5	4.27	0.875

3.3.2.5 商业伦理功能与决策机制

表3-8显示了商业伦理功能与决策机制测量条目的描述性统计。

表 3-8　商业伦理功能与决策机制测量条目的描述性统计

题项编号	维度	内容	测量题项	最小值	最大值	均值	标准差
1	商业伦理功能	融合功能	融合功能有利于企业得到法律保护和社会认可	1	5	4.26	0.823
			融合功能有利于公司形成竞争优势	1	5	4.29	0.878
			融合功能有利于企业争取大的市场份额	1	5	4.28	0.896
			融合功能有利于提高企业的声誉	1	5	4.26	0.878
			融合功能有利于企业得以长期的生存与发展	1	5	4.30	0.868
		约束功能	约束功能有利于企业形成有效的规章制度	1	5	4.26	0.877
			约束功能有利于企业严格质量管理	1	5	4.26	0.858
			约束功能有利于企业员工产生动力	1	5	4.26	0.863
			约束功能有利于企业吸引合作者	1	5	4.21	0.876
			约束功能有利于企业高效的发展	1	5	4.27	0.873
2	商业伦理决策	利己主义决策	公司的决策有利于长期利润的积累	1	5	4.20	0.898
			公司的决策有利于成本的削减	1	5	4.24	0.851
			公司的决策有利于技术的可行性	1	5	4.26	0.858
			公司的决策有利于股东的利益	1	5	4.24	0.878
			公司的决策有利于消费者的利益	1	5	4.27	0.812
			公司的决策有利于员工忠诚度的提高	1	5	4.32	0.801
			公司的决策有利于降低经营风险	1	5	4.27	0.839

3.3.3　信度分析

信度又叫可靠性，是指测验的可信程度。主要表现为测验结果的一贯性、一致性和稳定性。在对问卷进行数据分析前，必须考察其信度，以确保测量的质量。本书采用一致性系数来分析信度。内部一致性系数最适合同质性检验，检验每一个因素中各个项目是否测量相同或相似的特性。

利用调研问卷得到样本，采用信度系数 Cronbach's α 值检验因子的信度。该系数的意义是指个体在这一量表的测定得分与如果询问所有可能项目的测定得分的相关系数的平方，即这一量表能获得真分数的能力。Cronbach's α

值越大表示信度越高。一般认为，Cronbach's α 值为 0.60~0.70 是可接受值，0.70~0.80 相当好，0.80~0.90 非常好。以下利用 SPSS19.0 软件对企业社会责任、战略风险及调节功能和伦理决策机制的相关问卷的信度进行分析，各测量表的信度检验结果见表 3-9。

表 3-9 利益相关者与企业社会责任的信度分析

维度	代码	CITC	删除该题项后的 α 系数	Cronbach's α 值
供应商	QS1	0.752	0.958	0.958
	QS2	0.746	0.958	
	QS3	0.870	0.950	
	QS4	0.871	0.950	
	QS5	0.900	0.949	
	QS6	0.855	0.951	
	QS7	0.885	0.949	
	QS8	0.855	0.951	
员工	CLK1	0.835	0.966	0.969
	CLK2	0.907	0.963	
	CLK3	0.873	0.965	
	CLK4	0.875	0.965	
	CLK5	0.868	0.965	
	CLK6	0.856	0.966	
	CLK7	0.896	0.964	
	CLK8	0.835	0.967	
	CLK9	0.852	0.966	
股东	SH1	0.903	0.946	0.958
	SH2	0.883	0.948	
员工	SH3	0.848	0.952	0.958
	SH4	0.872	0.949	
	SH5	0.828	0.954	
	SH6	0.867	0.950	
经营者	AEO1	0.878	0.954	0.961
	AEO2	0.871	0.954	

续表

维度	代码	CITC	删除该题项后的 α 系数	Cronbach's α 值
经营者	AEO3	0.859	0.955	0.961
	AEO4	0.859	0.955	
	AEO5	0.792	0.959	
	AEO6	0.852	0.955	
	AEO7	0.837	0.956	
	AEO8	0.851	0.955	
消费者	CSM1	0.892	0.959	0.966
	CSM2	0.915	0.956	
	CSM3	0.866	0.961	
	CSM4	0.876	0.960	
	CSM5	0.886	0.959	
	CSM6	0.900	0.958	
社区	CBO1	0.864	0.939	0.950
	CBO2	0.849	0.941	
	CBO3	0.892	0.934	
	CBO4	0.868	0.938	
	CBO5	0.846	0.942	
合作伙伴	AIC1	0.859	0.951	0.958
	AIC2	0.856	0.951	
	AIC3	0.849	0.951	
	AIC4	0.901	0.947	
合作伙伴	AIC5	0.856	0.951	0.958
	AIC6	0.846	0.952	
	AIC7	0.805	0.955	
政府	GOV1	0.857	0.940	0.951
	GOV2	0.885	0.937	
	GOV3	0.815	0.945	
	GOV4	0.832	0.943	
	GOV5	0.837	0.942	
	GOV6	0.862	0.940	

3.3.3.1 利益相关者与企业社会责任的信度分析

根据项目—总体相关系数（CITC）大于 0.5 的原则，进行筛选题项。从表 3-9 来看供应商的其他八个测量条款的 CITC 值分别为 0.752、0.746、0.870、0.871、0.900、0.855、0.885、0.855，均大于 0.5，整体 Cronbach's α 值为 0.958，大于 0.7，说明供应商测量量表符合信度要求。同理，员工、股东、经营者、消费者、社区、合作伙伴及政府的测量量表均符合信度要求。因此，调查问卷的设计具有良好的信度。

3.3.3.2 战略风险的信度分析

从表 3-10 来看，战略假设风险的其他四个测量条款的 CITC 值分别为 0.855、0.838、0.839、0.819，均大于 0.5，整体 Cronbach's α 值为 0.931，大于 0.7，说明战略假设风险测量量表符合信度要求。同理，战略治理风险、战略错位风险及战略刚性风险的测量量表均符合信度要求。

表 3-10 战略风险的信度分析

维度	代码	CITC	删除该题项后的 α 系数	Cronbach's α 值
战略假设风险	SAR1	0.855	0.904	0.931
	SAR2	0.838	0.910	
	SAR3	0.839	0.909	
	SAR4	0.819	0.916	
战略治理风险	SGR1	0.881	0.961	0.966
	SGR2	0.846	0.963	
	SGR3	0.875	0.961	
	SGR4	0.876	0.961	
	SGR5	0.897	0.960	
	SGR6	0.863	0.962	
	SGR7	0.857	0.962	
	SGR8	0.840	0.963	

续表

维度	代码	CITC	删除该题项后的 α 系数	Cronbach's α 值
战略错位风险	SDR1	0.822	0.948	0.953
	SDR2	0.885	0.941	
	SDR3	0.855	0.944	
	SDR4	0.832	0.947	
	SDR5	0.876	0.942	
	SDR6	0.859	0.944	
战略刚性风险	SRR1	0.825	0.901	0.924
	SRR2	0.797	0.911	
	SRR3	0.831	0.899	
	SRR4	0.844	0.895	

3.3.3.3 商业伦理功能与决策机制的信度分析

同理，从表 3-11 中问卷的信度分析结果可以看出，商业伦理功能与商业决策机制的 CITC 值均在 0.5 以上、Cronbach's α 值都在 0.7 以上，因此，调研问卷的设计具有良好的信度。

表 3-11 商业伦理功能与决策机制的信度分析

维度	内容	代码	CITC	删除该题项后的 α 系数	Cronbach's α 值
商业伦理功能	融合功能	FF1	0.851	0.927	0.942
		FF2	0.837	0.929	
		FF3	0.842	0.929	
		FF4	0.843	0.928	
		FF5	0.842	0.929	
	约束功能	CF1	0.841	0.935	0.946
		CF2	0.832	0.937	
		CF3	0.869	0.930	
		CF4	0.864	0.931	
		CF5	0.853	0.933	

续表

维度	内容	代码	CITC	删除该题项后的 α 系数	Cronbach's α 值
商业决策机制	利己主义决策	EDM1	0.886	0.955	0.962
		EDM2	0.825	0.960	
		EDM3	0.852	0.957	
		EDM4	0.862	0.957	
		EDM5	0.873	0.956	
		EDM6	0.871	0.956	
		EDM7	0.902	0.954	

3.3.4 效度分析

效度的分析一般包括三类：内容效度、效标关联效度和结构效度。本书研究所用的调查问卷的内容是通过对文献和深度访谈研究设计出的，在问卷初稿完成后，为使内容更加完整且题意清楚，进行了前期预测和修正，使问卷内容可以充分涵盖所测量的内容，可认为本书的内容效度是满足要求的。结构效度分为聚合效度和区分效度。聚合效度是指调查问卷中同一变量中不同的测量项目，彼此具有比较高的相关度，而区分效度是指不同变量中的测量项目，彼此相关度比较低。关于结构效度的衡量方法，现有研究中多以下几种方法为主：一是用个别项目的分数和总分之间的相关系数，作为验证量表的结构效度指标，当每一项个别项目与该变量总分的相关系数显著时，则表明该量表具有良好的结构效度，而当个别项目与该变量总分的相关系数不显著时，则将个别项目去除。二是采用因子分析法，通过变量共同度及因子负荷值等来衡量。简单说就是通过评价潜在因子对各个测量项目的标准化负载来作为衡量标准。同一变量层面中，因子负荷值越大（通常为 0.5 以上），表示收敛效度越高，每一个项目只能在其所属的构面中，出现一个大于 0.5 以上的因子负荷值，符合这个条件的项目越多，则量表的结构效度越高。本书将主要采用因子分析方法来衡量。

基于以上分析，本调查问卷的效度分析主要采用因子分析法，来验证问卷的结构效度。因子分析的目的是用少量因子代替多个原始变量，本书采用正交旋转即方差最大旋转方式，并将特征值大于 1 作为因子提取的标准。

3.3.4.1 利益相关者与企业社会责任的效度分析

首先，对利益相关者与企业社会责任表现量表的所有 55 个题项进行 KMO 检验与 Bartlett 球形检验。由表 3-12 可知，KMO 检验值为 0.947，大于 0.7，球形检验显著性水平为 0.000，非常显著，结果表明数据非常适合进行因子分析。

表 3-12 利益相关者与企业社会责任的 KMO 和 Bartlett 球形检验

KMO		0.947
Bartlett 球形检验	近似卡方	7403.021
	df	1485
	Sig.	0.000

其次，进一步进行探索性因子分析，表 3-13 为利益相关者与企业社会责任表现初次探索性因子分析总体方差解释量（本书将累积旋转平方和载入小于 65.715% 之后的因子不列入表中），表 3-14 为利益相关者与企业社会责任表现各指标因子分析结果。

表 3-13 利益相关者与企业社会责任初次探索性因子分析总体方差解释

因子	初始特征值			旋转平方和载入		
	合计	占总方差的百分比 /%	累积百分比 /%	合计	占总方差的百分比 /%	累积百分比 /%
1	27.083	49.243	49.243	9.712	17.658	17.658
2	1.921	3.493	52.735	6.275	11.410	29.068
3	1.440	2.619	55.354	6.191	11.256	40.324
4	1.262	2.294	57.648	5.311	9.656	49.980
5	1.213	2.206	59.854	2.959	5.379	55.359

续表

因子	初始特征值			旋转平方和载入		
	合计	占总方差的百分比 /%	累积百分比 /%	合计	占总方差的百分比 /%	累积百分比 /%
6	1.129	2.053	61.907	2.757	5.013	60.372
7	1.056	1.920	63.827	1.786	3.247	63.619
8	1.039	1.889	65.715	1.153	2.096	65.715
9	0.988	1.796	67.512			
10	0.932	1.694	69.206			
11	0.869	1.580	70.786			
12	0.828	1.505	72.291			
13	0.813	1.479	73.769			
⋮	⋮	⋮	⋮	⋮	⋮	⋮

表 3-14　利益相关者与企业社会责任表现各指标因子分析结果

题项内容	因子							
	1	2	3	4	5	6	7	8
对供应商提供稳定的产品需求	0.701							
评估供应商的生产能力与公司的成长相匹配	0.691							
为员工提供良好的薪酬体系	0.659							
不断完善和建立企业核心文化	0.651							
避免缺乏科学的选择方法	0.610							
避免选择和过于依赖独家供应商	0.595							
为员工建立更好的奖励机制和生活保障体系	0.593							
考量供应商的商品质量、价格、交货及时性与整体服务水平	0.593							
能够及时向供应商付款	0.576							
为员工安排相关技能和管理培训	0.569							

续表

题项内容	因子							
	1	2	3	4	5	6	7	8
为员工建立良好的文化氛围和舒心的工作场所	0.559							
维护社区环境、保障社区居民安全	0.548							
经营者利用合法的手段获取利润	0.523							
与供应商建立良好的合作关系	0.515							
与员工依法签订劳动合同	0.500							
公司的商品、服务应当明码标价	0.485							
为员工制定清晰的发展路径	0.474							
为员工提供灵活的工作时间	0.471							
研发并推出新产品与服务	0.454							
经营者需提升自己的人力资本	0.386							
给股东的红利随企业价值而增长		0.673						
应当吸收社区的人员就业		0.620						
为社区提供部交通、治安保卫服务		0.593						
向消费者提供真实、全面的信息		0.538						
为消费者建立良好的消费环境		0.526						
为合作伙伴提供必要的科技支持		0.491						
与合作伙伴进行高效的信息共享		0.469						
向股东披露信息并上报真实信息		0.456						
给予股东应有的权利与义务		0.448						
听取消费者的意见并且接受监督		0.408						
打造自身品牌，协同中国走向世界			0.660					
本公司对合作伙伴诚实守信			0.601					
股东对企业重大决策提出关键性意见			0.546					
本公司与合作伙伴互相监督质量			0.539					
保障产品的质量与安全			0.521					

续表

题项内容	因子 1	2	3	4	5	6	7	8
保证消费者的售后服务质量			0.504					
本公司良好的企业形象			0.495					
本公司合法经营并照章纳税			0.491					
依股东所持股份份额获得股利等利益分配			0.480					
努力为企业争取大的市场份额			0.460					
本公司与合作伙伴互相尊重、风险共担、利益共享			0.430					
接受政府的依法监督和干预				0.697				
为合作伙伴提供管理经验				0.579				
扶持社区文教和社会公益事业				0.539				
与合作伙伴建立长期的合作				0.536				
生产经营活动应遵纪守法				0.515				
为公民提供就业				0.510				
帮助政府治理环境					0.741			
参与社区建设，繁荣社区文化生活					0.527			
本公司维护员工权益						0.804		
经营者做出使企业长期获利的正确的决策						0.688		
本公司要求供应商遵守商业道德							0.722	
通过慈善公益不断回馈社会							0.376	
不干涉员工个人的宗教信仰								0.614
树立良好的声誉与行业竞争力								0.443

为了使获取的因子结构更加科学，本书建立以下三个筛选标准：一是变量在某一因子上的负荷最小值必须大于0.5；二是变量与其他变量之间交叉负荷比较低；三是同一因子内各测量变量的内涵必须保持一致。只有同时满足上述

三个标准的变量才能保留下来。

根据上述原则，经过多次运行，将删除17个题项。分别为"本公司的商品、服务应当明码标价""本公司为员工制定和提供清晰的发展路径和上升空间""本公司为员工提供灵活的工作时间""本公司积极进行生产研发活动，经常推出新的产品与服务""本公司经营者提升自己的人力资本、发展空间""本公司为合作伙伴提供必要的科学技术""本公司与合作伙伴进行及时高效的信息共享""本公司严格按法律规定向股东披露信息、上报或公布信息的真实""本公司按照相关规定给予股东应有的权利与义务""本公司应当听取消费者的意见并且接受监督""本公司良好的企业形象""本公司合法经营并照章纳税""本公司依照股东所持有的股份份额获得股利和其他形式的利益分配""努力为企业争取大的市场份额""本公司通常与合作伙伴互相尊重、风险共担、利益共享""本公司通过慈善公益不断回馈与服务社会""本公司树立良好的企业声誉与行业竞争力"，这17个题项的因子载荷小于0.5，对整个量表的信度与效度产生不利的影响，因此，剔除了该部分的题项。从探索性因子分析的结果来看，问卷设计还是比较科学，问卷质量比较高。

从分析结果来看，设计的利益相关者与企业社会责任变量的55个指标已经被分为8类，各指标分别归属于对应载荷最大的因子，因子在各指标上的载荷绝大部分大于0.5（有十七项除外）。说明本书的调查问卷在战略风险的效度良好。

3.3.4.2 战略风险的效度分析

由分析结果可知，KMO值为0.947，大于0.7，同时Bartlett球形检验的显著性概率是0.000，小于0.01，非常适合进行因子分析。

进一步进行探索性因子分析，表3-15为战略风险表现初次探索性因子分析总体方差解释量，表3-16为战略风险表现各指标因子分析结果。

从以上结果来看，战略风险变量的22个指标已经被分为4类，各指标分别归属于对应载荷最大的因子，因子在各指标上的载荷绝大部分大于0.5（有一项被剔除的除外）。说明战略风险部分的效度良好，且 4 个因子解释了原有信息的 73.817%，根据因子分析可以识别战略风险表现的关键维度。

表 3-15 战略风险表现初次探索性因子分析总体方差解释量

因子	初始特征值			旋转平方和载入		
	合计	占总方差的百分比 /%	累积百分比 /%	合计	占总方差的百分比 /%	累积百分比 /%
1	12.870	58.500	58.500	12.684	57.653	57.653
2	1.192	5.420	63.919	1.319	5.996	63.649
3	1.144	5.202	69.121	1.166	5.300	68.949
4	1.033	4.696	73.817	1.071	4.868	73.817
5	0.955	4.340	78.158			
6	0.810	3.683	81.841			
7	0.598	2.719	84.560			
8	0.509	2.312	86.872			
9	0.390	1.774	88.646			
10	0.362	1.645	90.291			
11	0.311	1.414	91.706			
12	0.279	1.270	92.976			
13	0.254	1.155	94.131			
14	0.238	1.080	95.211			
15	0.194	0.882	96.094			
16	0.171	0.776	96.869			
17	0.145	0.660	97.529			
18	0.128	0.584	98.113			
19	0.124	0.566	98.678			
20	0.113	0.513	99.192			
21	0.097	0.443	99.635			
22	0.080	0.365	100.000			

表 3-16 战略风险表现各指标因子分析结果

题项内容	因子 1	因子 2	因子 3	因子 4
公司行为准则模糊与商业道德的不规范导致风险加重	0.906			
公司优化企业组织结构、重组企业业务流程的能力低下	0.905			
公司治理方案错误率提升会增加风险产生的可能性	0.892			
公司打破当前的组织结构加剧风险	0.891			
公司不具备设计和实施各种业务策略的能力	0.886			
公司获取反馈信息即战略实时进程信息的能力低下	0.885			
公司的监督机制与管理机制失灵使风险加剧	0.881			
公司的决策者不善于听取他人意见导致公司发展停滞不前	0.879			
公司员工对新环境的抵触情绪加剧了刚性风险	0.875			
公司不能动态修正战略假设并调整战略导致战略错位风险	0.874			
公司革新破坏了当前的权力结构导致风险的产生	0.873			
公司不具备调整战略实施进程和绩效体系导致错位风险	0.872			
公司执行人员根据既定的战略来实行变革管理的能力不足	0.867			
授予股东的管理权力被滥用致使风险的产生	0.865			
公司经营过程的不合理性与不透明性加剧公司的风险	0.862			
公司改变现有的生产流程致使风险产生	0.844			
公司战略分析人员的分析能力与经验技能薄弱引起的风险		0.763		
公司战略分析人员的信息获取能力低下引起的风险		0.746		
利益相关者之间权利失衡导致风险的加速产生			0.765	
公司对企业愿景错误理解而使得风险的增加			0.717	
公司领导者的决策错误所引起的风险				0.786
公司没有明确的企业愿景而成为其弱点	0.480			

3.3.4.3　商业伦理功能与决策机制的效度分析

运用同样的方法，商业伦理功能与决策机制的 KMO 和 Bartlett 球形检验均通过，见表 3-17。从研究结果来看，设计的商业伦理功能与决策机制变量的 17 个指标已经被分为 4 类，各指标分别归属于对应载荷最大的因子，因子在各指标上的载荷均大于 0.5，有一项除外，将被删除，且 4 个因子解释了原有信息的 57.774%。根据因子分析可以识别商业伦理功能与决策机制表现的关键维度。

表 3-17　商业伦理功能与决策机制表现各指标因子分析结果

题项内容	因子 1	因子 2	因子 3	因子 4
融合功能有利于企业得以长期的生存与发展	0.840			
约束功能有利于企业员工产生动力	0.808			
约束功能有利于企业高效的发展	0.795			
融合功能有利于提高企业的声誉	0.783			
约束功能有利于企业形成有效的规章制度	0.780			
约束功能有利于企业吸引合作者	0.769			
公司的决策有利于长期利润的	0.756			
公司的决策有利于技术的可行性	0.745			
约束功能有利于企业严格质量管理	0.696			
公司的决策有利于成本的削减	0.627			
公司的决策有利于股东的利益	0.410			
公司的决策有利于降低经营风险		0.637		
融合功能有利于公司形成竞争优势		0.603		
融合功能有利于企业得到法律保护和社会认可		0.538		
公司的决策有利于消费者的利益			0.811	
公司的决策有利于员工忠诚度的提高			0.573	
融合功能有利于企业争取大的市场份额				0.818

3.4 本章小结

本章按照问卷设计的依据和原则，采纳了一些前人较完善的量表，同时结合我国企业的实际情况进行了修改。在设计出问卷初稿后，征询了专家、业界人士及消费者的意见，修改问卷的不足，然后进行小样本测试后再修改问卷，最终形成本研究所需要的调研问卷。

4 数据分析与假设检验

本章首先对大样本数据进行调研,进一步证实问卷的有效性。其次对数据进行实证分析,并检验企业社会责任对战略风险不同维度之间的影响,然后进一步检验融合功能、约束功能与利己主义决策机制对企业社会责任与战略风险之间关系的调节作用,最后得出本章的研究结论。

4.1 样本选择与问卷设计

4.1.1 研究对象选择

样本的选取主要有两个方面:一是应该选取什么样的企业;二是应该选取企业哪个部门的人来填写问卷。本书研究涉及的内容及问题涵盖了广泛的企业经营行为,与企业战略是相关的,需要对企业有全局性了解,因此,需要以企业不同岗位的管理者、员工作为调查对象,也需要公众和消费者对问卷作答。

4.1.2 问卷的发放与收回

问卷一般有纸质文本和电子文档两种。纸质文本的问卷发放可以采取集中、分散或邮寄的方法，而电子文档的问卷发放主要是通过网上进行，二者的关键都在于对调查对象讲清问卷调查的目的与意义，使他们能主动地进行合作。要确保答卷在独立情况下完成，保证信息的真实、有效。

本书调研时间从 2019 年 11 月开始正式进行，采用实地调研、电话访谈等形式，通过自己的老师、同学及朋友等社会关系，选择有代表性的企业进行亲自调研，问卷的发放主要通过纸质版与问卷星两种方式。

此调查共收回问卷 360 份。问卷回收后，剔除问卷的准则是剔除问卷填写缺漏者、信息不完整者、对企业战略目标回答不太明确及填写的答案与公司战略相同率低于 30% 的样本，剔除掉无效问卷后，得到有效问卷 342 份，有效问卷回收率为 95%。

4.2 描述性统计

4.2.1 人口特征的统计描述

本书对性别、年龄、受教育程度、任职时间及职位等基本特征进行描述性统计。从调查结果看：一是性别比例基本相当，故本次研究统计结果基本不会造成性别差异。二是年龄结构在 31~45 岁的受访者占总数的 66.7%，这部分人作为企业的主力，说明本书设计的调查问卷指标和数据都比较有代表性。三是在受教育程度方面，具有本科学历的受访者居多。四是被调查者职位的分布情况：依次为员工、基层领导者，中层领导者及高层领导者（见表 4-1）。

表 4-1 人口特征的统计描述

调查内容		频数	百分比 /%	累计百分比 /%
性别	男	182	53.2	53.2
	女	160	46.8	100

续表

调查内容		频数	百分比 /%	累计百分比 /%
年龄段	30 岁及以下	50	29.2	29.2
	31~45 岁	114	66.7	95.9
	46~55 岁	8	2.3	98.2
	56 岁及以上	6	1.8	100
受教育程度	初中及以下	18	5.3	5.3
	高中或中专	12	3.5	8.8
	大专	2	0.6	9.4
	大学本科	292	85.4	94.7
	研究生	18	5.3	100
任职时间	2 年及以下	80	23.4	23.4
	3~5 年	130	38	61.4
	6~8 年	96	28.1	89.5
	9 年及以上	36	10.5	100
职位	员工	150	43.9	43.9
	基层领导	120	35	78.9
	中层领导	54	15.8	94.7
	高层领导	18	5.3	100

4.2.2 企业特征的统计描述

通过对样本企业的描述性统计结果可知：第一，从企业的组织类型来看，个人独资企业的占比较高，占比 32.7%；其次为股份制企业。第二，从企业的行业类别属性来看，企业立足于商贸业经营活动的居多，占比为 25.1%；其次在制造业内开展经营活动的为 18.1%，其余为其他。第三，从资产规模来看，资产规模为 100 万以下的占比 40.9%，101 万~500 万的占比 19.3%，1000 万以上的占比 28.7% 等（见表 4-2）。

表 4-2 企业特征的统计描述

调查内容		频数	百分比 /%	累计百分比 /%
组织类型	个人独资企业	112	32.7	32.7
	合伙企业	26	7.6	40.4
	股份制企业	70	20.5	60.8
	其他	134	39.2	100
行业类别属性	制造业	62	18.1	18.1
	商贸业	86	25.1	43.3
	服务业	68	19.9	63.2
	其他	126	36.8	100
所有制类型	国有企业	112	32.7	32.7
	民营企业	82	24.0	56.7
	三资企业	32	9.4	66.1
	其他	116	33.9	100
成立的时间	3 年及以下	132	38.6	38.6
	4~6 年	64	18.7	57.3
	7~9 年	38	11.1	68.4
	9 年及以上	108	31.6	100
现有资产规模	100 万以下	140	40.9	40.9
	101 万~500 万	66	19.3	60.2
	501 万~1000 万	38	11.1	71.3
	1000 万以上	98	28.7	100
员工人数	100 以下	128	37.4	37.4
	100~500	66	19.3	56.7
	500~1000	46	13.5	70.2
	1000 以上	102	29.8	100
规模	大型企业	126	36.8	36.8
	中型企业	102	29.8	66.7
	小型企业	114	33.3	100
发展阶段	初创期	96	28.1	28.1
	发展期	116	33.9	62.0
	成熟期	112	32.7	94.7
	衰退期	18	5.3	100

4.2.3 利益相关者与企业社会责任的统计描述

经过第 3 章的小样本测试,将删除 17 个题项。分别为"本公司的商品服务应当明码标价""本公司为员工制定和提供清晰的发展路径和上升空间""本公司为员工提供灵活的工作时间""本公司积极进行生产研发活动,经常推出新的产品与服务""本公司经营者提升自己的人力资本、发展空间""本公司为合作伙伴提供必要的科学技术""本公司与合作伙伴进行及时高效的信息共享""本公司严格按法律规定向股东披露信息、上报或公布信息的真实""本公司按照相关规定给予股东应有的权利与义务""本公司应当听取消费者的意见并且接受监督""本公司良好的企业形象""本公司合法经营并照章纳税""本公司依照股东所持有的股份份额获得股利和其他形式的利益分配""努力为企业争取大的市场份额""本公司通常与合作伙伴互相尊重、风险共担、利益共享""本公司通过慈善公益不断回馈与服务社会""本公司树立良好的企业声誉与行业竞争力",由于这 17 个题项的因子载荷小于 0.5,这将对量表的信度与效度产生不利的影响,因此,本部分考虑予以删除。

从表 4-3 中可以看出,在企业社会责任维度中,利益相关者责任的均值都在 4 以上,数据大小略有差别,说明结果较好。

表 4-3 利益相关者与企业社会责任的统计描述

题项编号	利益相关者	测量题项	最小值	最大值	均值	标准差
1	供应商	本公司与供应商建立良好的合作关系	1	5	4.27	0.926
		本公司避免选择和过于依赖独家供应商	1	5		
		本公司避免缺乏科学的选择方法	1	5		
		本公司考量供应商的商品质量价格、交货时间及服务	1	5		
		本公司评估供应商的生产能力能否配合公司的成长	1	5		
		本公司要求供应商遵守商业道德	1	5		

续表

题项编号	利益相关者	测量题项	最小值	最大值	均值	标准差
1	供应商	本公司对供应商提供的产品具有稳定的需求	1	5	4.27	0.926
		本公司能够及时向供应商付款	1	5		
2	员工	本公司为员工提供良好的薪酬体系	1	5	4.31	0.907
		本公司为员工安排相关技能和管理的培训	1	5		
		本公司为员工建立更好的奖励机制及生活保障体系	1	5		
		本公司不断完善和建立企业核心文化	1	5		
		本公司为员工建立良好的文化氛围和工作场所	1	5		
		本公司与员工依法签订劳动合同	1	5		
		本公司维护员工权益	1	5		
3	股东	本公司给予股东的红利随企业价值增长而增长	1	5	4.26	0.893
		股东对于企业的重大决策提出关键性的意见	1	5		
4	经营者	经营者应做出能够使企业长期获利的正确的决策	1	5	4.26	0.902
		经营者利用合法的手段努力为公司获取利润	1	5		
		本公司不干涉员工个人的宗教信仰	1	5		
		本公司生产经营所有活动严格遵循法律法规	1	5		
5	消费者	本公司应该保障产品的质量与安全	1	5	4.34	0.875
		本公司为消费者建立良好的消费环境与优质的服务	1	5		
		本公司应保证消费者的售后服务质量	1	5		
		本公司应向消费者提供真实、全面的信息	1	5		
6	社区	本公司应当扶持社区文教和社会公益事业，扶贫济困	1	5	4.32	0.862
		本公司应当吸收社区的人员就业	1	5		
		本公司应当维护社区环境、保障社区居民安全	1	5		

续表

题项编号	利益相关者	测量题项	最小值	最大值	均值	标准差
6	社区	本公司应当为社区提供如交通、治安保卫等服务	1	5	4.32	0.862
		本公司应当参与社区活动，繁荣社区的经济文化生活	1	5		
7	合作伙伴	本公司对合作伙伴诚实守信	1	5	4.31	0.875
		本公司与合作伙伴互相进行产品质量监督	1	5		
		本公司与合作伙伴建立长期的合作	1	5		
		本公司为合作伙伴提供管理经验	1	5		
8	政府	本公司应当接受政府的依法监督和干预	1	5	4.30	0.873
		本公司应帮助政府治理环境	1	5		
		本公司应不断打造自身品牌，协同中国制造走向世界	1	5		
		本公司为公民提供就业	1	5		

4.2.4 战略风险的统计描述

同样，经过小样本测试，将删除1个题项"本公司没有明确的企业愿景而成为其弱点"，见表4-4。

表4-4 战略风险的统计描述

题项编号	战略风险维度	测量题项	最小值	最大值	均值	标准差
1	战略假设风险	公司战略分析人员的信息获取能力低下引起的风险	1	5	4.28	0.870
		公司战略分析人员的能力与经验技能薄弱引起的风险	1	5		
		公司对企业愿景错误理解而使得风险的增加	1	5		

续表

题项编号	战略风险维度	测量题项	最小值	最大值	均值	标准差
2	战略治理风险	公司领导者的决策错误所引起的风险	1	5	4.29	0.865
		利益相关者之间权利失衡导致风险的加速产生	1	5		
		公司治理方案错误率提高会增加风险产生的可能性	1	5		
		决策者不善于听取他人意见导致公司发展停滞不前	1	5		
		公司行为准则模糊与商业道德的不规范导致风险加重	1	5		
		公司的监督机制与管理机制失灵使风险加剧	1	5		
		授予股东的管理权力被滥用致使风险的产生	1	5		
		公司经营过程不合理与不透明性进一步加剧公司的风险	1	5		
3	战略错位风险	公司执行者按既定的战略来实行变革管理的能力不足	1	5	4.24	0.858
		公司优化企业组织结构、重组企业业务流程能力低下	1	5		
		公司不具备设计和实施各种业务策略的能力	1	5		
		公司不能修正战略假设并调整战略导致战略错位风险	1	5		
		公司获取反馈信息即战略实时进程信息的能力低下	1	5		
		公司未能调整战略实施进程和绩效体系导致错位风险	1	5		
4	战略刚性风险	公司打破当前的组织结构加剧风险	1	5	4.25	0.870
		公司改变现有的生产流程致使风险产生	1	5		
		公司革新破坏了当前的权力结构导致风险的产生	1	5		
		公司员工对新环境的抵触情绪加剧了刚性风险	1	5		

如表 4-4 可知，战略风险的均值也大小不一，其中战略错位风险均值为 4.24，最小；战略治理风险的均值最大为 4.29。说明目前我国的企业治理仍是战略风险中的重要目标。

4.2.5 商业伦理功能与决策机制的统计描述

同理，样本测试将删除 1 个题项"公司的决策有利于股东的利益"，这将对整个量表的信度与效度产生不利的影响，因此，删除了该题项，见表 4-5。

表 4-5 商业伦理功能与决策机制的统计描述

题项编号	维度	内容	测量题项	最小值	最大值	均值	标准差
1	商业伦理功能	融合功能	融合功能有利于企业得到法律保护和社会认可	1	5	4.27	0.869
			融合功能有利于公司形成竞争优势	1	5		
			融合功能有利于企业争取大的市场份额	1	5		
			融合功能有利于提高企业的声誉	1	5		
			融合功能有利于企业得以长期的生存与发展	1	5		
		约束功能	约束功能有利于企业形成有效的规章制度	1	5		
			约束功能有利于企业严格质量管理	1	5		
			约束功能有利于企业员工产生动力	1	5		
			约束功能有利于企业吸引合作者	1	5		
			约束功能有利于企业高效的发展	1	5		
2	商业伦理决策机制	利己主义决策	公司的决策有利于长期利润的积累	1	5	4.26	0.843
			公司的决策有利于成本的削减	1	5		
			公司的决策有利于技术的可行性	1	5		
			公司的决策有利于消费者的利益	1	5		
			公司的决策有利于员工忠诚度的提高	1	5		
			公司的决策有利于降低经营风险	1	5		

在伦理决策机制中，商业伦理功能的均值为 4.27，商业伦理决策机制均值为 4.26，这说明所调查企业的商业伦理功能对企业战略风险的影响较为明显。

4.3 量表的信度和效度检验

4.3.1 量表的信度检验

4.3.1.1 利益相关者与企业社会责任

本书使用 SPSS17.0 与 AMOS17.0 对量表的信度（α 系数、SMC、CR、AVE）进行测量，α 系数为最常用的信度检验方法，α 系数大于 0.7 则表示信度很高，如果系数小于 0.35 则表示信度较低；SMC 为测量单个题项的信度，CR 为变量的组合信度，AVE 为平均差异抽取量。其中 SMC 取值为 0~1，SMC 值越大，信度越高，一般情况下 SMC 值大于 0.4 及以上，说明该题项信度满足分析要求；CR 属于内部一致性判断指标，CR 值越大，说明组合信度越高，各题项之间具有较好的关联性。克莱恩（1998）认为组合信度大于 0.5 可以接受，0.7 则为合适，0.8 以上为非常合适；AVE 是指变量的变异抽取程度，意为潜在变量所引起的整体变异抽取程度。

根据上述测度指标及极值限制，本书首先对企业社会责任量表的信度进行研究，具体结果如表 4-6 所示。

表 4-6　企业社会责任量表信度检验结果

利益相关者	代码	标准化因子载荷	SMC（信度）	CR（组合信度）	AVE（平均变异抽取）	α 指数
供应商责任	QS1	0.650	0.420	0.90	0.58	0.905
	QS2	0.690	0.480			
	QS3	0.788	0.621			
	QS4	0.754	0.568			
	QS5	0.853	0.727			

续表

利益相关者	代码	标准化因子载荷	SMC（信度）	CR（组合信度）	AVE（平均变异抽取）	α指数
供应商责任	QS6	0.732	0.536	0.90	0.58	0.905
	QS7	0.828	0.686			
	QS8	0.692	0.479			
员工责任	CLK1	0.778	0.605	0.90	0.58	0.901
	CLK2	0.838	0.703			
	CLK3	0.718	0.516			
	CLK4	0.779	0.607			
	CLK5	0.794	0.631			
	CLK6	0.692	0.479			
	CLK9	0.709	0.503			
股东责任	SH4	0.743	0.551	0.68	0.51	0.588
	SH5	0.690	0.480			
经营者责任	AEO2	0.739	0.547	0.82	0.54	0.827
	AEO3	0.777	0.603			
	AEO5	0.640	0.420			
	AEO6	0.769	0.591			
消费者责任	CSM1	0.717	0.515	0.91	0.72	0.906
	CSM2	0.920	0.847			
	CSM3	0.887	0.786			
	CSM4	0.862	0.743			
社区责任	CBO1	0.677	0.458	0.83	0.50	0.820
	CBO2	0.798	0.549			
	CBO3	0.688	0.473			
	CBO4	0.746	0.557			
	CBO5	0.624	0.689			
合作伙伴责任	AIC2	0.700	0.490	0.80	0.50	0.748
	AIC5	0.720	0.510			
	AIC6	0.672	0.451			
	AIC7	0.740	0.550			

续表

利益相关者	代码	标准化因子载荷	SMC（信度）	CR（组合信度）	AVE（平均变异抽取）	α 指数
政府责任	GOV2	0.759	0.576	0.82	0.54	0.806
	GOV4	0.750	0.570			
	GOV5	0.634	0.401			
	GOV6	0.788	0.620			

由分析结果可知，标准化因子载荷均大于0.6，具有很高的显著性水平；SMC值均在0.4以上，CR值都超过了0.6，AVE值也都不小于0.5，α系数则都大于0.5，通过以上指标的综合检验，认为企业社会责任量表信度符合研究需要。

4.3.1.2 战略风险

同理，战略风险量表的信度检验具体结果见表4-7。由分析结果可知，所有题项的标准化因子载荷均大于0.6，表明变量的解释力度很大；SMC值均在0.4以上，CR值也都超过0.75，AVE值也都大于0.5，α系数都大于0.7，因此，通过以上指标的综合检验，战略风险量表的信度较高。

表 4-7 战略风险量表信度检验结果

维度	代码	标准化因子载荷	SMC（信度）	CR（组合信度）	AVE（平均变异抽取）	α 指数
战略假设风险	SAR1	0.780	0.610	0.77	0.53	0.784
	SAR2	0.690	0.480			
	SAR3	0.710	0.510			
战略治理风险	SGR1	0.692	0.482	0.95	0.71	0.817
	SGR2	0.710	0.510			
	SGR3	0.892	0.796			
	SGR4	0.879	0.773			

续表

维度	代码	标准化因子载荷	SMC（信度）	CR（组合信度）	AVE（平均变异抽取）	α指数
战略治理风险	SGR5	0.913	0.834	0.95	0.71	0.817
	SGR6	0.879	0.772			
	SGR7	0.870	0.756			
	SGR8	0.869	0.754			
战略错位风险	SDR1	0.855	0.731	0.95	0.78	0.953
	SDR2	0.904	0.817			
	SDR3	0.887	0.786			
	SDR4	0.867	0.752			
	SDR5	0.893	0.797			
	SDR6	0.876	0.767			
战略刚性风险	SRR1	0.894	0.799	0.90	0.70	0.904
	SRR2	0.784	0.614			
	SRR3	0.868	0.753			
	SRR4	0.804	0.647			

4.3.1.3 商业伦理功能与决策机制

同样的方法对商业伦理功能与决策机制的量表信度进行检验，结果见表4-8。由结果可知，所有题项的标准化因子载荷均大于0.5；SMC值均不小于0.45；CR值也均超过0.8；AVE值也都不小于0.5；α系数都大于0.78，因此，由表中各项指标的综合检验结果可知，商业伦理功能与决策机制的量表具有较好的信度，能够满足研究需要。

表 4-8 商业伦理功能与决策机制量表信度检验结果

维度	内容	代码	标准化因子载荷	SMC（信度）	CR（组合信度）	AVE（平均变异抽取）	α 指数
商业伦理功能	融合功能	FF1	0.740	0.550	0.83	0.50	0.783
		FF2	0.680	0.660			
		FF3	0.590	0.450			
		FF4	0.694	0.481			
		FF5	0.827	0.683			
	约束功能	CF1	0.798	0.636	0.86	0.55	0.858
		CF2	0.690	0.476			
		CF3	0.778	0.605			
		CF4	0.727	0.528			
		CF5	0.716	0.513			
商业决策机制	利己主义决策	EDM1	0.787	0.620	0.86	0.51	0.834
		EDM2	0.570	0.530			
		EDM3	0.750	0.562			
		EDM5	0.710	0.510			
		EDM6	0.740	0.550			
		EDM7	0.680	0.660			

4.3.2 量表的效度检验

4.3.2.1 利益相关者与企业社会责任

本书主要使用因子分析法验证量表的效度。首先，提取公因子，对企业社会责任的 8 个要素进行探索性因子分析，进而分析量表的结构效度；其次，通过计算 AVE 值与 NNFI 值来测度 CSR 量表的收敛效度。AVE 值在 0.5 以上就说明收敛效度良好；当 NNFI 值大于 0.9，表明量表收敛效度良好。

首先对利益相关者与企业社会责任进行 KMO 计算和 Bartlett 球形检验，由统计结果可知（见表 4-9），KMO 为 0.955，Bartlett 球形检验的卡方统计值的显著性概率为 0.000，表明利益相关者与企业社会责任的 8 个要素适合做因子分析。按照主成分分析法，共提取出 4 个公因子，见表 4-10。

表 4-9 利益相关者与企业社会责任的 KMO 和 Bartlett 球形检验

KMO		0.955
Bartlett 球形检验	近似卡方	4901.513
	df	703
	Sig.	0.000

表 4-10 利益相关者与企业社会责任的因子分析

测量题项	成分			
	1	2	3	4
QS5	0.721			
CLK1	0.712			
QS7	0.704			
QS2	0.698			
QS3	0.654			
CLK4	0.647			
QS4	0.639			
CLK2	0.621			
QS6	0.610			
CLK3	0.601			
QS8	0.572			
CLK5	0.540			
CLK8	0.686			
QS1	0.575			
CBO3		0.564		
SH6		0.681		
CLK9		0.647		

续表

测量题项	成分			
	1	2	3	4
AIC2		0.628		
CSM4		0.599		
CBO4		0.583		
CSM2		0.574		
GOV5		0.554		
CSM3		0.553		
CSM1		0.517		
CB02		0.498		
SH5			0.557	
GOV4			0.504	
GOV2			0.754	
AIC7			0.718	
CBO1			0.622	
GOV6			0.611	
AEO6			0.595	
AEO2			0.587	
AIC6			0.569	
AEO3				0.594
AEO5				0.560
AIC5				0.629
CBO5				0.529

利益相关者与企业社会责任量表的收敛效度分析见表 4-11，利益相关者责任的 AVE 值都在 0.5 以上，NNFI 值也都大于 0.96，从这两个指标的综合结果可以看出利益相关者与企业社会责任量表的收敛效度较高。

表 4-11 利益相关者与企业社会责任收敛效度分析

测量题项	供应商责任	员工责任	股东责任	经营者责任	消费者责任	社区责任	合作伙伴责任	政府责任
AVE	0.58	0.58	0.51	0.54	0.72	0.50	0.50	0.54
NNFI	0.969	0.985	0.972	0.971	0.985	0.983	0.983	0.971

4.3.2.2 战略风险

同理，首先使用主成分分析法来提取公因子，对战略风险的题项进行探索性因子分析。在对战略风险进行探索性因子分析时，见表 4-12，首先进行 KMO 计算和 Bartlett 球形检验，其 KMO 为 0.960，Bartlett 球形检验的卡方统计值的显著性概率为 0.000，表明战略风险的题项很适合做因子分析。按照主成分分析法，战略风险共提取出 3 个公因子，见表 4-13。

表 4-12 战略风险的 KMO 和 Bartlett 球形检验

KMO		0.960
Bartlett 球形检验	近似卡方	3430.857
	df	210
	Sig.	0.000

表 4-13 战略风险的因子分析

测量题项	成分		
	1	2	3
SGR5	0.903		
SDR2	0.902		
SGR3	0.889		
SRR1	0.888		
SDR3	0.883		
SDR5	0.878		

续表

测量题项	成分		
	1	2	3
SGR6	0.877		
SGR4	0.872		
SDR4	0.869		
SDR1	0.867		
SDR6	0.866		
SRR3	0.866		
SGR7		0.865	
SGR8		0.856	
SRR4		0.810	
SRR2		0.779	
SAR1		0.748	
SAR2			0.691
SGR2			0.675
SAR3			0.747
SGR2			0.745

战略风险量表的收敛效度分析见表4-14，战略假设风险、战略治理风险、战略错位风险、战略刚性风险的 AVE 值都在 0.5 以上，NNFI 值也都大于 0.9，从这两个指标的综合结果可以看出战略风险量表的收敛效度较高。

表 4-14　战略风险收敛效度分析

测量题项	战略假设风险	战略治理风险	战略错位风险	战略刚性风险
AVE	0.53	0.71	0.78	0.70
NNFI	0.968	0.983	0.992	0.979

4.3.2.3　商业伦理功能与决策机制

同理，首先使用主成分分析法来提取公因子，对商业伦理功能与决策机制的题项进行探索性因子分析。在对商业伦理功能与决策机制进行探索性因子分析时，见表4-15，首先进行KMO计算和Bartlett球形检验，其KMO为0.899，Bartlett球形检验的卡方统计值的显著性概率为0.000，表明商业伦理功能与决策机制的题项很适合做因子分析。按照主成分分析法，战略风险共提取出4个公因子，见表4-16。

表4-15　商业伦理功能与决策机制的KMO和Bartlett球形检验

KMO		0.899
Bartlett球形检验	近似卡方	1097.80
	df	120
	Sig.	0.000

表4-16　商业伦理功能与决策机制的因子分析

测量题项	成分			
	1	2	3	4
FF5	0.831			
CF3	0.810			
CF35	0.802			
FF4	0.797			
EDM1	0.782			
CF1	0.773			
CF4	0.766			
EDM3	0.740			
CF2	0.703			
EDM2	0.620	0.761		
FF2		0.554		
EDM7		0.593		
FF1			0.788	
EDM5			0.655	
EDM6			0.788	
FF3				0.922

商业伦理功能与决策机制量表的收敛效度分析见表 4-17，融合功能、约束功能、利己主义决策的 AVE 值都不小于 0.5，NNFI 值也都大于 0.9，从这两个指标的综合结果可以看出战略风险量表的收敛效度较高。

表 4-17　商业伦理功能与决策机制收敛效度分析

测量题项	融合功能	约束功能	利己主义决策
AVE	0.50	0.55	0.51
NNFI	0.974	0.992	0.983

4.4　相关分析

由 AOMS 统计结果得知，利益相关者责任、战略假设风险、战略治理风险、战略错位风险、战略刚性风险之间呈正相关关系；利己主义决策、战略假设风险、战略治理风险、战略错位风险、战略刚性风险之间呈正相关关系；商业伦理功能、战略假设风险、战略治理风险、战略错位风险、战略刚性风险之间呈正相关关系；利益相关者责任与商业伦理功能之间呈正相关关系；利益相关者责任与利己主义决策之间呈正向相关关系，但战略假设风险与其他变量之间的相关性较弱，述相关性分析结果初步印证了本研究的理论假设。

在 AMOS 中 p 值反映了各潜在变量之间的显著性水平，p 值以 0.05 为界：当 $p<0.05$ 则显著性水平可以接受，当 $p<0.01$ 则具有较好的显著性水平，当 $p<0.001$ 则具有极高的显著性水平，在执行计算值估计之后，可从协方差表中得到各潜在变量之间的路径均是显著的（$p<0.01$），故通过检验。

4.5　假设检验

4.5.1　主效应检验

本书采用层次回归分析的方法对利益相关者责任与战略风险的假设关系进

行验证。层次回归可以使用所有的回归方法,只是相当于对每层的变量进行单独的分析,找出差异性。其基本思想是将感兴趣的变量放在最后一步进入模型,以考察在排除了其他变量的情况下,该变量对回归方程的贡献。如果变量仍然有明显的贡献,那么可以做出该变量确实具有其他变量所不能替代的独特作用的结论。这种方法主要用于,当自变量之间有较高的相关,其中一个自变量的独特贡献难以确定的情况。表4-18是变量相关分析结果。

首先,检验理论模型的主效应,在引入8个控制变量的基础上考察利益相关者责任对战略风险总体的影响。主要有以下几个步骤:(1)在M1中只加入企业规模、行业属性、成立时间企业层面的控制变量及性别、职务、年龄、文化程度和任职时间5个人口属性控制变量;(2)在M2中放入利益相关者责任维度;(3)在M3中加入商业伦理功能;(4)在M4中加入决策机制,以此来验证对战略风险的影响。层级回归的结果如表4-19所示。

由M2可知,利益相关者责任的履行能显著降低战略风险发生的概率($\beta=-0.764$, $p<0.01$),假设H1获得实证支持。

同理,从协方差表中得到潜在变量之间的路径均是显著的($p<0.01$),通过了检验。

4.5.2 分维度检验

在表4-20、表4-22中,模型M6~M8、模型M19和M20是以战略假设风险为结果变量,在引入控制变量后考察利益相关者责任、融合功能、约束功能对战略假设风险的影响。结果表明,利益相关者责任($\beta=-0.177$, $p<0.01$)能显著降低战略假设风险的发生,融合功能($\beta=-0.108$, $p<0.01$)能显著强化利益相关者责任规避假设风险的程度,约束功能($\beta=-0.313$, $p<0.01$)能显著强化利益相关者责任规避假设风险的程度。因此,假设H1a假设H2a以及H3a获得了支持。

表4-18 变量相关分析结果

变量	1	2	3	4	5	6	7	8	9	10	11	12	13	14	15
1 政府	1														
2 合作伙伴	0.994	1													
3 社区	0.935	0.969	1												
4 消费者	0.867	0.930	0.990	1											
5 经营者	0.889	0.970	0.940	0.900	1										
6 股东	0.871	0.970	0.986	0.960	0.948	1									
7 员工	0.791	0.857	0.906	0.905	0.909	1.002	1								
8 供应商	0.796	0.835	0.885	0.858	0.845	0.914	0.967	1							
9 利己主义决策	0.885	0.849	0.809	0.789	0.823	0.876	0.813	0.841	1						
10 约束功能	0.929	0.929	0.894	0.870	0.868	0.951	0.867	0.850	0.973	1					
11 融合功能	0.953	0.950	0.908	0.863	0.929	0.978	0.934	0.903	0.993	1.058	1				
12 战略刚性风险	0.868	0.949	0.900	0.865	0.855	0.916	0.857	0.870	0.924	0.999	1.003	1			
13 战略错位风险	0.893	0.965	0.891	0.843	0.862	0.908	0.827	0.838	0.906	0.974	0.986	1.001	1		
14 战略治理风险	0.926	0.942	0.912	0.887	0.885	0.944	0.867	0.848	0.921	0.974	1.006	0.988	0.983	1	
15 战略假设风险	0.031	0.018	0.015	0.013	0.020	0.032	0.019	0.025	0.012	0.026	0.024	0.031	0.029	0.027	1

表 4-19 主效应层级回归

变量	战略风险				
	M1	M2	M3	M4	M5
规模	0.052	0.036	0.057	0.053	0.052
行业属性	−0.071	0.013	0.014	0.006	0.003
成立时间	0.123	−0.013	0.010	0.026	0.025
性别	0.215	0.084	0.059	0.069	0.066
职位	0.099	0.063	0.041	−0.016	−0.016
年龄	0.266	0.195	0.172	0.184	0.181
受教育程度	0.101	0.046	0.056	0.053	0.048
任职时间	−0.095	−0.153	−0.115	−0.071	−0.074
利益相关者责任		−0.764	−0.676	−0.374	−0.369
融合功能			−0.196	−0.147	−0.145
约束功能				−0.407	−0.397
利己主义决策					0.028
F	2.342	30.991	31.317	36.932	33.716
R^2	0.104	0.634	0.662	0.719	0.719

模型 M9、模型 M10 和 M11、模型 M22 和 M23 以战略治理风险为结果变量，在引入控制变量后考察利益相关者责任、融合功能、约束功能对战略治理风险的影响。结果表明，利益相关者责任（$\beta=-0.761$，$p<0.01$）能显著降低战略治理风险的发生，融合功能（$\beta=0.152$，$p<0.01$）弱化了利益相关者责任规避治理风险的程度，约束功能（$\beta=-0.394$，$p<0.01$）强化了利益相关者责任规避治理风险的程度。因此，假设 H1b 以及 H3b 获得了支持。

在表 4-20、表 4-24 中，模型 M6、模型 M7 和 M8、模型 M31 和 M32 以战略假设风险为结果变量，在引入控制变量后考察利益相关者责任、融合功能、利己主义决策对战略假设风险的影响。结果表明，利益相关者责任（$\beta=-0.177$，$p<0.01$）能显著降低战略假设风险的发生，融合功能（$\beta=-0.108$，$p<0.01$）能显著强化利益相关者责任规避假设风险的程度，利己主义决策（$\beta=0.098$，$p<0.01$）弱化了利益相关者责任规避战略假设风险的程度。因此，假设 H1a 假

设 H2a 以及 H4a 获得了支持。

模型 M9、模型 M10 和 M11、模型 M34 和 M35 以战略治理风险为结果变量，在引入控制变量后考察利益相关者责任、融合功能、利己主义决策对战略治理风险的影响。结果表明，利益相关者责任（$\beta=-0.761$，$p<0.01$）能显著降低战略治理风险的发生，融合功能（$\beta=0.152$，$p<0.01$）弱化了利益相关者责任规避治理风险的程度，利己主义决策（$\beta=0.233$，$p<0.01$）弱化了利益相关者责任规避战略治理风险的程度。因此，假设 H1b、H4b 获得了支持。

在表 4-21、表 4-25 中，模型 M12、模型 M13 和 M14、模型 M37 和 M38 以战略错位风险为结果变量，在引入控制变量后考察利益相关者责任、融合功能、利己主义决策对战略错位风险的影响。结果表明，利益相关者责任（$\beta=-0.795$，$p<0.01$）能显著降低战略错位风险的发生，融合功能（$\beta=0.065$，$p<0.01$）弱化了利益相关者责任规避错位风险的程度，利己主义决策（$\beta=-0.150$，$p<0.01$）却显著增强了对战略错位风险的影响。因此，假设 H1c 获得了支持。

模型 M15、模型 M16 和 M17、模型 M40 和 M41 以战略刚性风险为结果变量，在引入控制变量后考察利益相关者责任、融合功能、利己主义决策对战略刚性风险的影响。结果表明，利益相关者责任（$\beta=-0.743$，$p<0.01$）能显著降低战略刚性风险的发生，融合功能（$\beta=-0.091$，$p<0.01$）可强化利益相关者责任规避刚性风险的程度，利己主义决策（$\beta=0.156$，$p<0.01$）弱化了利益相关者责任规避战略刚性风险的程度。因此，假设 H1d、假设 H2d 以及假设 H4d 获得了支持。

在表 4-21、表 4-23 中，模型 M12、模型 M13 和 M14、模型 M25 和 M26 以战略错位风险为结果变量，在引入控制变量后考察利益相关者责任、融合功能、约束功能对战略错位风险的影响。结果表明，利益相关者责任（$\beta=-0.795$，$p<0.01$）能显著降低战略错位风险的发生，融合功能（$\beta=0.065$，$p<0.01$）弱化了利益相关者责任规避错位风险的程度，约束功能（$\beta=-0.395$，$p<0.01$）强化了利益相关者责任规避错位风险的程度。因此，假设 H1 以及假设 H3c 获得了支持。

在表 4-21、表 4-25 中，模型 M15、模型 M16 和 M17、模型 M40 和 M41 以战略刚性风险为结果变量，在引入控制变量后考察利益相关者责任、融合功能、利己主义决策对战略刚性风险的影响。结果表明，利益相关者责任（$\beta=-0.743$，$p<0.01$）能显著降低战略刚性风险的发生，融合功能（$\beta=0.091$，$p<0.01$）强化了利益相关者责任规避刚性风险的程度，约束功能（$\beta=0.546$，$p<0.01$）弱化了利益相关者责任规避刚性风险的程度。因此，假设 H1d、假设 H2d 获得了支持。

在表 5-22、5-24 中，模型 M18、模型 M19 和 M20、模型 M31 和 M32 是以战略假设风险为结果变量，在引入控制变量后考察利益相关者责任、约束功能、利己主义决策对战略假设风险的影响。结果表明，利益相关者责任（$\beta=-0.177$，$p<0.01$）能显著降低战略假设风险的发生，约束功能（$\beta=-0.313$，$p<0.01$）能显著强化利益相关者责任规避假设风险的程度，利己主义决策（$\beta=0.098$，$p<0.01$）弱化了利益相关者责任规避战略假设风险的程度。因此，假设 H1a、假设 H3a 及 H4a 获得了支持。

模型 M21、模型 M22 和 M23、模型 M34 和 M35 以战略治理风险为结果变量，在引入控制变量后考察利益相关者责任、约束功能、利己主义决策对战略治理风险的影响。结果表明，利益相关者责任（$\beta=-0.761$，$p<0.01$）能显著降低战略治理风险的发生，约束功能（$\beta=-0.394$，$p<0.01$）强化了利益相关者责任规避治理风险的程度，利己主义决策（$\beta=0.233$，$p<0.01$）弱化了利益相关者责任规避战略治理风险的程度。因此，假设 H1b、假设 H3b 以及 H4b 获得了支持。

在表 4-23、表 4-25 中，模型 M24、模型 M25 和 M26、模型 M37 和 M38 以战略错位风险为结果变量，在引入控制变量后考察利益相关者责任、约束功能、利己主义决策对战略错位风险的影响。结果表明，利益相关者责任（$\beta=-0.795$，$p<0.01$）能显著降低战略错位风险的发生，约束功能（$\beta=-0.395$，$p<0.01$）强化了利益相关者责任规避错位风险的程度，利己主义决策（$\beta=-0.150$，$p<0.01$）却显著增强了对战略错位风险的影响。因此，假设 H1c、假设 H3c 获

模型 M27、模型 M28 和 M29、模型 M40 和 M41 以战略刚性风险为结果变量，在引入控制变量后考察利益相关者责任、约束功能、利己主义决策对战略刚性风险的影响。结果表明，利益相关者责任（$\beta=-0.743$，$p<0.01$）能显著降低战略刚性风险的发生，约束功能（$\beta=0.546$，$p<0.01$）弱化了利益相关者责任规避刚性风险的程度，利己主义决策（$\beta=0.156$，$p<0.01$）弱化了利益相关者责任规避战略刚性风险的程度。因此，假设 H1d、假设 H4d 获得了支持。

表 4-20 企业社会责任对战略风险的影响（融合功能的调节效应）

变量	战略假设风险			战略治理风险		
	M6	M7	M8	M9	M10	M11
规模	0.034	0.031	0.042	0.033	0.018	0.034
行业属性	−0.063	−0.044	−0.043	−0.113	−0.029	−0.028
成立时间	−0.027	−0.059	−0.046	0.144	0.009	0.026
性别	0.077	0.047	0.033	0.225	0.095	0.075
职位	−0.020	−0.028	−0.040	0.113	0.077	0.060
年龄	0.113	0.096	0.084	0.238	0.168	0.150
受教育程度	0.141	0.129	0.134	0.081	0.027	0.034
任职时间	0.062	0.049	0.070	−0.104	−0.162	−0.132
利益相关者责任		−0.177	−0.128		−0.761	−0.693
融合功能			−0.108			0.152
F	0.671	1.149	1.182	2.662	32.116	30.912
R^2	0.032	0.060	0.069	0.116	0.642	0.659

表 4-21 企业社会责任对战略风险的影响（融合功能的调节效应）

变量	战略错位风险			战略刚性风险		
	M12	M13	M14	M15	M16	M17
规模	0.027	0.011	0.018	−0.023	−0.038	−0.028
行业属性	−0.041	0.047	0.047	−0.051	0.031	0.032

续表

变量	战略错位风险			战略刚性风险		
	M12	M13	M14	M15	M16	M17
成立时间	0.177	0.035	0.043	0.115	−0.017	−0.006
性别	0.260	0.123	0.115	0.249	0.122	0.110
职位	0.154	0.117	0.110	0.172	0.137	0.127
年龄	0.180	0.106	0.098	0.226	0.157	0.146
受教育程度	0.100	0.043	0.046	0.073	0.020	0.024
任职时间	−0.088	−0.148	−0.136	−0.129	−0.186	−0.168
利益相关者责任		−0.795	−0.766		−0.743	−0.701
融合功能			0.065			−0.091
F	2.994	42.402	38.496	3.006	30.444	27.949
R^2	0.129	0.703	0.706	0.129	0.630	0.636

表 4-22 企业社会责任对战略风险的影响（约束功能的调节效应）

变量	战略假设风险			战略治理风险		
	M18	M19	M20	M21	M22	M23
规模	0.034	0.031	0.032	0.033	0.018	0.019
行业属性	−0.063	−0.044	−0.049	−0.113	−0.029	−0.036
成立时间	−0.027	−0.059	−0.042	0.144	0.009	0.029
性别	0.077	0.047	0.051	0.225	0.095	0.099
职位	−0.020	−0.028	−0.077	0.113	0.077	0.016
年龄	0.113	0.096	0.101	0.238	0.168	0.173
受教育程度	0.141	0.129	0.129	0.081	0.027	0.027
任职时间	0.062	0.049	0.089	−0.104	−0.162	−0.111
利益相关者责任		−0.177	−0.072		−0.761	−0.448
约束功能			−0.313			−0.394
F	0.671	1.149	1.677	2.662	32.116	36.829
R^2	0.032	0.060	0.095	0.116	0.642	0.697

表4-23　企业社会责任对战略风险的影响（约束功能的调节效应）

变量	战略错位风险			战略刚性风险		
	M24	M25	M26	M27	M28	M29
规模	0.027	0.011	0.012	−0.023	−0.038	−0.036
行业属性	−0.041	0.047	0.040	−0.051	0.031	0.022
成立时间	0.177	0.035	0.056	0.115	−0.017	0.012
性别	0.260	0.123	0.128	0.249	0.122	0.128
职位	0.154	0.117	0.055	0.172	0.137	0.053
年龄	0.180	0.106	0.112	0.226	0.157	0.165
受教育程度	0.100	0.043	0.043	0.073	0.020	0.020
任职时间	−0.088	−0.148	−0.097	−0.129	−0.186	−0.115
利益相关者责任		−0.795	−0.481		−0.743	−0.308
约束功能			−0.395			0.546
F	2.994	42.402	50.194	3.006	30.444	44.390
R^2	0.129	0.703	0.758	0.129	0.630	0.735

表4-24　企业社会责任对战略风险的影响（利己主义决策的调节效应）

变量	战略假设风险			战略治理风险		
	M30	M31	M32	M33	M34	M35
规模	0.034	0.031	0.030	0.033	0.018	0.016
行业属性	−0.063	−0.044	−0.058	−0.113	−0.029	−0.062
成立时间	−0.027	−0.059	−0.058	0.144	0.009	0.011
性别	0.077	0.047	0.036	0.225	0.095	0.069
职位	−0.020	−0.028	−0.032	0.113	0.077	0.068
年龄	0.113	0.096	0.085	0.238	0.168	0.142
受教育程度	0.141	0.129	0.113	0.081	0.027	−0.012
任职时间	0.062	0.049	0.047	−0.104	−0.162	−0.166
利益相关者责任		−0.177	−0.124		−0.761	−0.636
利己主义决策			0.098			0.233
F	0.671	1.149	1.140	2.662	32.116	33.541
R^2	0.032	0.060	0.066	0.116	0.642	0.677

表 4-25　企业社会责任对战略风险的影响（利己主义决策的调节效应）

变量	战略错位风险			战略刚性风险		
	M36	M37	M38	M39	M40	M41
规模	0.027	0.011	0.010	−0.023	−0.038	−0.039
行业属性	−0.041	0.047	0.025	−0.051	0.031	0.009
成立时间	0.177	0.035	0.036	0.115	−0.017	−0.016
性别	0.260	0.123	0.107	0.249	0.122	0.105
职位	0.154	0.117	0.111	0.172	0.137	0.131
年龄	0.180	0.106	0.089	0.226	0.157	0.140
受教育程度	0.100	0.043	0.018	0.073	0.020	−0.006
任职时间	−0.088	−0.148	−0.152	−0.129	−0.186	−0.189
利益相关者责任		−0.795	−0.715		−0.743	−0.659
利己主义决策			−0.150			0.156
F	2.994	42.402	40.683	3.006	30.444	29.118
R^2	0.129	0.703	0.718	0.129	0.630	0.645

4.5.3　调节效应检验

调节变量影响自变量和因变量之间的关系。首先，本书探讨了调节变量在主效应中的调节功能。在模型 M5 中，融合功能（$\beta=-0.145$，$p<0.01$）能够显著降低战略风险发生的概率；约束功能（$\beta=-0.397$，$p<0.01$）可强化利益相关者责任规避战略风险的程度；利己主义决策（$\beta=0.028$，$p<0.01$）则会进一步提高战略风险的发生强度，由此可知，无论是商业伦理功能还是决策机制，作为调节变量，都会对利益相关者责任对战略风险的影响产生（抑制或促进）的作用，因此，假设 H2、H3、H4 都得到验证。

4.6　研究结果

现将研究假设的实证结果做一个简单的汇总，从实证结果分析可知，本书提出的假设绝大部分得到了证实，如表 4-26 所示。

表 4-26 研究假设结果

编号	假设内容	是否成立
H1	企业履行利益相关者责任能够显著降低战略风险	成立
H1a	企业履行利益相关者责任能显著降低战略假设风险	成立
H1b	企业履行利益相关者责任能显著降低战略治理风险	成立
H1c	企业履行利益相关者责任能显著降低战略错位风险	成立
H1d	企业履行利益相关者责任能显著降低战略刚性风险	成立
H2	融合功能作为调节变量，将强化利益相关者责任规避战略风险的程度	成立
H2a	融合功能作为调节变量，将强化利益相关者责任规避假设风险的程度	成立
H2b	融合功能作为调节变量，将强化利益相关者责任规避治理风险的程度	不成立
H2c	融合功能作为调节变量，将强化利益相关者责任规避错位风险的程度	不成立
H2d	融合功能作为调节变量，将强化利益相关者责任规避刚性风险的程度	成立
H3	约束功能作为调节变量，将强化利益相关者责任规避战略风险的程度	成立
H3a	约束功能作为调节变量，将强化利益相关者责任规避假设风险的程度	成立
H3b	约束功能作为调节变量，将强化利益相关者责任规避治理风险的程度	成立
H3c	约束功能作为调节变量，将强化利益相关者责任规避错位风险的程度	成立
H3d	约束功能作为调节变量，将强化利益相关者责任规避刚性风险的程度	不成立
H4	利己主义决策作为调节变量，将弱化利益相关者责任规避战略风险的程度	成立
H4a	利己主义决策作为调节变量，将弱化利益相关者责任规避假设风险的程度	成立
H4b	利己主义决策作为调节变量，将弱化利益相关者责任规避治理风险的程度	成立
H4c	利己主义决策作为调节变量，将弱化利益相关者责任规避错位风险的程度	不成立
H4d	利己主义决策作为调节变量，将弱化利益相关者责任规避刚性风险的程度	成立

通过对本研究先前所提出的 20 个研究假设分别进行详细的实证检验后，研究结果与预期结果基本保持了一致，通过实证研究主要得出了以下结果。

4.6.1 利益相关者责任能够显著降低战略风险

由于全球化、信息技术、顾客需求、战略联盟和外包等内外部环境的变化及企业间竞争的加剧，战略风险也在增加。对此，企业迫切需要了解战略风险的类型及其成因，以便制定和实施具有针对性的战略。因此，企业履行利益相关者责任对企业风险控制影响十分显著，假设 H1 得到验证。

本书从企业战略管理过程入手，分析了企业社会责任与战略风险之间的关系。结果发现，利益相关者责任的履行都会有效降低企业的战略假设风险、战略治理风险、战略错位风险与战略刚性风险。同时，在我国新兴经济体制下，企业社会责任的利益相关者责任对不同维度的战略风险的影响程度不同，这是与战略风险的不同维度的特性相关的，战略风险的维度之间的风险发生程度及造成的危害是不同的，由于战略风险是难以防控且无法预料的，战略风险的不同维度的危害程度重取决于对不同利益相关者间的权利均衡度上。由于企业的战略选择会对主要利益相关者的利益产生深远而长久的影响，所以各主要利益相关者都会通过各种途径来影响企业的战略实施。如果企业的某个或某些主要利益相关者不具备影响企业战略抉择的足够权力，那么他们的利益就有可能被侵蚀，久而久之，这种利益侵蚀会反过来侵蚀企业的战略根基，导致企业的战略风险。

本书的细化研究结论表明，由于战略风险的不同维度的危害程度及发生势态的特点不同，利益相关者责任对其的影响产生了一定程度的差异化影响。这表明企业在战略风险的防控过程中，要谨慎处理、利益相关者的利益需求。通过实证分析，假设 H1a—H1d 得到实证的支持。

4.6.2 商业伦理功能对企业社会责任和战略风险之间的关系起调节作用

本书基于商业伦理的功能，将其划分为融合功能及约束功能，并作为企业社会责任与战略风险间的关系的调节变量进行分析。通过本书的实证验证，融合功能与约束功能均对利益相关者责任规避风险有着促进的作用。因此，假设 2 与假设 3 成立。但假设 H2b、H2c、H3d 不成立。究其原因，假设 H2b、H2c 不成立可能是当企业想要生存，首先必须解决其和社会融合的问题。但是，企业可以用多种方法获取利润,而一旦背离正规途径,用不正当手段获取利润,就会和社会道德相冲突,例如,一个企业只知道赚钱而不承担必要的社会责任,偷税漏税,甚至采用非人道手段对待员工,就会违背社会的约定俗成和成文的法律法规,必将在企业的战略选择与实施阶段造成巨大的风险,因此履行利益相关者责任可能会造成适得其反的效果。假设 H3d 不成立的原因可能是当伦理的价值和准则被大多数员工接受以后,大家就会自觉地按照这种准则和规范行事,形成某种特定的人格优势和行为准则,进而规范和约束整个企业的经济行为,在企业经济行为受到的制约下,企业进行改革创新时将会弱化企业规避战略风险的能力,从经济学的角度看,若打破核心约束会削弱企业现有的能力,如企业打破当前的组织结构,改变现有的生产流程等都会给企业带来一定的经济损失,即使这种损失只是暂时的,企业也很难主动做出改变。从政治学的角度分析,企业要废弃原先建立起的核心能力,一定会伴随着部分阶层从显赫的级别上退位,这种革新破坏了当前的权力结构,损害了既得利益阶层的利益,他们为了保护既得的利益会千方百计阻挠这种变革的发生。从行为学的视角来看,因为人们对过去业已形成的惯例程序习以为常,许多行为习惯难以改变,传统观念根深蒂固,打破核心刚度会令他们难以适应新的环境,他们对变革往往产生抵触情绪。因此履行利益相关者责任可能会造成适得其反的效果。

4.6.3 伦理决策机制对企业社会责任和战略风险间的关系起调节作用

本书基于商业伦理理论的目的论途径,从利己主义决策视角对企业社会责任与战略风险间的关系的调节作用。通过本书的实证检验,利己主义决策机制弱化利益相关者责任规避战略风险的程度的假设得以证明,因此假设 H4 成立。

本书认为利己主义决策对战略风险的影响与战略风险的性质紧密相关的,甚至产生相悖的效果。利己主义者认为,行为的正确与否,主要看它的产生是否使行为者的效用最大化,且这种行为是否符合道德评判标准。这种观点实质上是以追逐个人私利为最终目标，所有能够提升自我效用的行为都是正当的、合理的，而未能考虑对其他人所造成的影响。这并不代表行为者的决策一定会给其他人带来负面效应，对于个体（个人或企业）所做出的有利决策也可能产生正向的外部效应，对一个社区或国家都产生有益影响。但是决策者考虑的范围不包括行为者以外的其他人的效用最大化问题。利己主义关注企业组织的自身利益，这一理论认为管理决策的道德性在于这一决策能否为本企业带来最大的利益，只要能为本组织带来最大收益的决策就是道德的，决策的道德性同利益相关者的利益无关，同顾客的利益无关，当然，这并不意味着管理决策会伤害到利益相关者，企业决策可能对顾客和利益相关者有利，但在利己主义理论看来，这不是决策道德的考虑范围，这一理论认为伦理是谋求企业组织自身利益的工具。

利己主义决策为将企业的盈利目标与股东的利益需求紧密结合，而对满足诸如员工、消费者等的利益需求的信息表述不太明显，这会造成以企业营利为目的导向的企业战略决策的形成，而减少了对除股东以外的利益相关者的利益需求的关注度，降低了企业的内外部协作程度与资源获取程度，增加了企业的风险因素。理论假设虽然提出利己主义决策会弱化企业社会责任对战略风险的影响，但是实证检验发现 H4a—H3c、H4 成立，而假设 H4d 不成立。H4d 不成立的原因可能是企业履行利益相关者责任时，对企业的声誉进行虚构（企业的声誉风险属于战略刚性风险的一部分），进而造成不可估量的损失。企业的信誉是企业对外销售和打好攻坚战的基础。

4.7　本章小结

通过对本书所提出的研究假设分别进行翔实证检验后，研究结果与预期结果基本保持了一致，通过实证研究主要得出了以下结果。

（1）利益相关者责任能够显著降低战略风险。企业履行利益相关者责任对企业风险控制影响十分显著,假设 H1 得到验证;经过细化研究表明,由于战略风险的不同维度的危害程度及发生势态的特点不同,利益相关者责任对其的影响产生了一定程度的差异化影响,通过实证分析,假设 H1a—H1d 得到实证的支持。

(2)商业伦理功能对企业社会责任和战略风险之间的关系起调节作用。通过本书的实证验证,融合功能与约束功能均对利益相关者责任规避风险有着促进的作用。因此,假设 2 与假设 3 成立,假设 H2b、H2c、H3d 不成立。

(3)伦理决策机制对企业社会责任和战略风险间的关系起调节作用。通过本书的实证检验,利己主义决策机制弱化利益相关者责任规避战略风险的程度的假设得以证明,因此假设 H4 成立,但是实证检验发现 H4a—H3c、H4 成立,而假设 H4d 不成立。

5 有效应对企业社会责任与战略风险的对策建议

企业积极履行其所肩负的社会责任,对于构建和谐稳定的社会,加快经济发展具有非常重要的意义。企业承担社会责任不仅是为了回应外部压力,也是企业长远发展战略的重要方面。然而企业在发展过程中,企业战略风险是不可避免的,二者有着紧密的联系。当企业存在战略风险时,必将影响企业的稳定发展。研究表明,企业对自身特有风险的控制能力将成为持续性发展的重要保证。正如前文分析的那样,战略风险的存在对企业是一种潜在的威胁,如何有效地防范战略风险,或者将其控制在累积爆发前就是关键所在。为了降低战略风险,实施有效的战略风险管理,需要从以下几个方面着手,以此最大化地降低战略风险对企业所带来的不利因素,最终为企业持续、长期的发展提供一定的借鉴。

5.1 从微观层面

随着市场经济的快速发展,风险是客观存在的,企业的经营活动伴随着风险,企业如何在复杂多变的经济环境下进行风险承担选择,是一个重要的战略决策。企业自身应构建一种机制来防范企业社会责任战略风险的发生,这种机制应能够有效减少企业社会责任缺失行为，或者促进企业积极履行社会责任，降低战略风险对企业所带来的不利因素。

企业要两手抓，既要从战略管理角度看待社会责任也要从制度上加强建设。在战略管理上，企业应树立责任理念，建立责任绩效评价机制，制定各种方案责任策略等，以推进社会责任与企业日常生产经营活动相融合，不断促进社会责任战略管理体系的健全。在制度建设上，企业应该分章程、分条建设社会责任制度，设立监督机构，促进企业行为的规范化。企业从战略与制度上推进社会责任不仅符合人与自然和谐相处的理念，促进社会和谐、可持续发展，还可以提高企业知名度，为风险的到来做好准备，拓宽资源获取渠道，提高自身软实力，增强企业竞争力。

5.1.1 树立企业履责理念，真正将企业社会责任融入战略风险管理

对已经有法律、政府部门规章制度规定的强制性社会责任，为了避免战略风险的发生，企业应积极主动地承担社会责任。而对于自主性社会责任，企业应增强社会责任意识，提高承担社会责任的自觉性。合理履行社会责任应纳入企业战略管理，企业的战略管理应从"股东至上"转变为基于企业社会责任的战略管理，积极承担社会责任，与各利益相关者建立良好的关系，使企业能够从各利益相关者处获得各种资源和支持，从而降低和规避其社会风险。如何有效地增加企业社会责任收益及降低社会责任成本是企业管理部门需要考虑的重要问题。

5.1.1.1 树立企业履行社会责任的理念

企业战略目标的规划和实施、对企业风险的识别和应对，与企业内部相关人员的认识水平息息相关。企业对社会责任的认识，将对风险承担能力产生重要影响。对此，需要从以下三个方面入手：一是提高管理者的责任意识，提升管理队伍素质水平。管理者的企业社会责任态度与认识水平对一个企业的社会

责任起着决定性作用，具有社会责任感的管理者会设立企业社会责任机构、制定企业社会责任战略、积极参与企业社会责任活动。二是鼓励员工参与社会责任活动。研究表明，不仅企业的高层要积极培养风险管理观念，员工风险识别意识的培养也尤为重要，要把风险管理渗透到员工的文化素养中。对员工加强企业社会责任方面的引导，培养员工对企业社会责任的实践能力、执行能力的同时，有利于树立企业的正面形象。三是将企业社会责任融入企业战略目标，加强经营理念与企业社会责任理念相融合。企业在发展中会面临很多的企业社会责任相关决策，要将企业社会责任提高到关乎企业生存的高度上，制订明确且可行的企业社会责任计划，并实施到企业经营活动中。

5.1.1.2　将企业社会责任融入战略风险管理

与其他转型新兴经济体一样，中国企业在经营过程中，环境因素可能引起的风险不可忽视。因此，加强风险管理是提高风险承担能力的基础。在风险评估中，首先要识别出企业的经营和决策行为中企业社会责任会造成的影响，通常，企业社会责任缺失行为导致的后果具有外部性内部化的特征，忽视企业社会责任的企业最终会因此承担损失、付出代价。在风险识别的基础上，企业应将获得的信息进行甄别和统计，分析和评价企业社会责任事项的紧迫性和重要性，以及这些事项会给企业带来的机遇与挑战。此外，企业要根据风险的大小、范围来采取合适的方法策略以应对风险。

作为决策责任人，领导者自身应本着积极慎重的原则，要充分了解决策涉及的政策、规定、法律条例和相关的信息，要对决策范围各要素的能力、规模心中有数，这是降低决策风险的基础。香港首富李嘉诚强调："管理者对自己负责的事和身处的组织有深层的体验和理解最为重要。了解细节，经常能在事前防御危机的发生。"领导者要充分考虑决策的社会、法律、文化背景，在保证决策可执行性的基础上，还要对决策特别是重大决策的执行前景进行预测分析，着重关注可能遇到的困难和风险，制定应对预案。

另外，企业要注重对管理者设定愿景和协调沟通能力的培养。企业愿景是企业家的立场和信仰的体现，其终极目标就是将企业的存在价值提升到极限，是最高管理者对企业未来的设想。现实中我国有许多企业把企业文化错认为企业愿景，这样就容易误导企业战略分析人员，使他们无法准确判断企业所面临的复杂的内外部战略环境，这在一定程度上也会形成战略假设风险。因此，为了避免战略假设风险，企业要在与利益相关者充分沟通和讨论的基础上确立明确的使命愿景和企业的战略发展方向。企业如果能制定明确的、长期的愿景，保持战略的稳定性和连续性，并保证一切战略战术行动能围绕愿景而展开，就能使企业拥有长期的战略积淀和深厚的文化底蕴，有效实现企业的战略目标。

一般认为，组织取决于战略，战略的张力和柔性决定着组织的灵活程度和应变能力。而企业愿景是战略规划的最终目的和根本依据，其长期性和预见性提供了规避风险的线索。科学明确的愿景决定了企业战略的选择范围，在保证战略方向正确性的同时留有回旋的余地，提升企业的应变能力。

5.1.2 强化战略管理工作者的职责，树立风险防范意识

企业战略领导者要认真履行社会责任，勇于为企业承担战略风险，为企业的健康、可持续发展提供实际动力。这就要求企业战略领导者培养开阔的战略视野、全面的战略素养和敏感的战略直觉，要深入研究和准确把握本企业的业务运作规律和组织管理规律，要能够洞察企业内外部环境的变化并动态调整自己的战略假设，做好应急打算，时刻准备建立防御体系，降低战略风险对企业造成的危害。具体做法如下。

5.1.2.1 聘任高级经理人

高级经理人就是专门从事企业高层管理的中坚人才，其职责定位是以其良好的职业境界、道德修养及专业管理能力，合理利用企业的资源，帮助企业获取最大的利润，从而把企业不断推向前进，是企业发展的重要资源之一。因此，聘任高级经理人并科学实施企业社会责任战略是企业发展的重大事项。作为一

名优秀的高级经理人，必须要有管理艺术、领导水平和组织才能，对处理各种疑难问题的穿透力要很强，辐射范围要广，特别是能透过事物的现象看到本质，能准确地抓住问题的要害，善于从错综复杂的事物中理出头绪，对上对下都要有很强的穿透力及辐射力。特别是在战略分析阶段，企业的短期盈利水平可能会受到一定的影响，从而使部门经理或员工产生怀疑，此时必须由企业董事长或高级经理人控制全局，坚持正确的企业发展方向。另外，企业需要统筹调动或安排企业的人、财、物，使各部门协调配合，全员参与，这样重要的工作只有具有管理经验和技能的高级经理人才能胜任。

5.1.2.2 培养战略领导者

战略是决定企业命运的关键。然而，比战略更重要的是领导力。战略领导者在企业的发展过程中，起至关重要的作用，这种类型的领导者能够对未来局势进行正确预判及对方向做出正确断定，并为组织设定长远、切实可行的愿景，会将企业社会责任整合到组织目标中，并以此为启动点来规划战略和战术，并保证达到最终的目的。

通常，战略领导者的素质与战略风险密切相关，一方面，领导者具有较健全的知识体系和战略视野及冷静的决策风格，能帮助企业战略制定得更加科学合理；另一方面，领导者综合素质高，则能在应对战略风险因素的变化时采取强有力的行动。因此，应强化决策者的风险意识。领导者的能力包括智慧力量、道德力量和意志力量。企业增强了领导者的领导力，才能使他们在关键的发展战略上，在决定企业发展的关键过程中，以其独特的眼光和力排众议的超常规决策，使企业获得转机。发展领导力并不是发展几个高级领导者的领导力，中层干部、部门主管、项目经理等都有发展领导力的空间，如果每个领导者都发挥出自己的智慧力量、道德力量和意志力量，企业就培养出了一个经理者阶层，拥有了一支优秀的队伍，掌握了降低决策风险的主动。

两家世界500强企业的创始人稻盛和夫认为，战略领导者的使命是源源不断地向组织注入生命力。因此，企业要注重对战略领导者设定愿景、决策能力及协调沟通能力的培养,培养其具有开阔的战略视野、全面的战略素养和敏感的战略直觉,通过洞察企业内外部环境的变化不断动态调整自己的战略假设,这不仅是组织文化建设,也是促进企业社会责任行为的根本要求。

5.1.2.3 培养经营者

一是培养经营者发现问题的能力。通常,战略问题是处于企业经营战略层面的问题,应该受到经营者的重点关注。及早判断企业的战略问题是企业战略管理的重要组成部分,战略问题的判断和把握也是经营素质的重要体现。它不仅要求经营者有敏锐的洞察能力和系统思想,也要求经营者有把握和处理经营环境和信息的能力。因此,经营者应该不断关注企业内外环境中的相关信息,及时找到和发现影响企业经营的问题。总之,发现问题的能力是经营者重要的技能之一。

二是培养判断问题的能力。有效识别战略问题,并对各自的重要性进行判断和区分,要善于从众多问题中找到战略问题,从战略问题中找出关键问题,并针对不同的问题采取不同的处理方法,对重要的问题,重点分析、详细分析,能否对问题的重要性判断和分析处理是经营者思路是否清晰的重要表现。

三是培养分析问题的能力。对战略问题的重要性分类排队后,就应该对每个问题进行分析。分析问题的方法主要有:①从基本思路层面上讲,管理的思路、习惯、经验、学识都起到很重要的作用,如一些管理者很善于从问题中理出基本头绪或者脉络,进行深入分析,诸如对比法、分类方法、逻辑推理、因果分析、关键因素确定法、条件假设方法、分解法等,还有一些可以被集体使用的诸如德尔菲法、会议法、智力激励等都是分析问题的重要工具。②从专业层面来讲,要深入分析问题,还必须涉及专业知识和专业方法,如针对市场问题的市场分析、针对财务问题的指标分析等。需要注意的是,分析问题也是非常具有能动性和灵活性的,有效的管理者并不拘泥于方法本身。

四是积极提出与战略问题相关的战略。通过分析问题,对问题的性质、产生的原因和发展的趋势,一般会有一个比较清楚的认识,同时,也可能对问题的解决、把握、控制提出一些基本的思路和方向性措施。"提出与战略问题相关的战略"实际上是解决问题的阶段，经过对问题的分析，确定是否应该提出相关战略战术，以及如何制定这些战略战术等。

5.1.2.4 打造一支专业的战略管理团队

团队管理是现代管理新理念中的核心理念之一，它强调的是组织的整体效应，追求的是创新、高效、综合实力和抗风险的能力。从企业的发展角度来说，团队的精神和力量是企业可持续发展的内在动力，是一个现代企业生存与发展必不可少的要素。特别是对于大中型企业，若条件具备，考虑建立一支专业的、结构合理的战略管理团队，大力培养、提升依法依规管理能力、战略思维能力、风险管控能力、市场研判能力和总揽全局能力，能够有效监控企业各阶段所隐含的风险并最大限度消除这些风险。

建立一支专业的战略管理团队，应该做到：首先是建班子。一是一把手，即班子的责任者；二是核心成员，它们是部门全局问题的策划和支持者；三是重要的功能负责人，能够参与班子的决议，作为团队的营销执行者。其次是定战略。针对前面提到的四种风险，分别确立采取什么方式进行战术动作的分解，如针对战略假设风险，应建立一个专业的和结构合理的战略管理团队，持续地对企业的战略环境进行扫描、监控、预测、评估并据此动态地修正企业的战略假设。最后是带队伍。关键问题是如何管好一个团队，一个团队能否发挥出应有的水平，这就取决于一个管理者的技能水平。通常，确立战略管理团队内部要推进事项的优先级，团队需要凝聚起来，了解团队要做什么，并做好准备。此外，为成功建立结构化方案需要公司层面的协调。战略计划推行过程中最困难的就是当花大力气来说服和教育员工时，领导层对此却漠不关心。从高管层的重视开始，这才是关键，必须要在计划开始前就获得他们的实际支持。当然，如果真的想倾听基层员工的意见，就要重视对基层触点的投入，需要想想怎么放大那些被忽略的声音。除此以外，贯穿这些过程始终的是如何应对冲突，以及主人翁精神将如何产生作用，让每个人都能参与进来，使团队更有凝聚力。

5.1.3 加快产品创新与服务多元化,为企业创新提供必要的风险预警

随着国内经济由高速增长转向高质量发展,企业需要面临发展方式转变、经济结构优化和增长动力转换的挑战。与此同时,市场端又面临消费结构升级、需求结构调整、对供给质量和水平的要求更高。对外开放程度的加深除了为企业带来更大市场,也将企业置于更广阔领域的竞争之中。因此,企业要想在激烈的市场竞争中求得生存与发展,就需要不断提升自身的综合素质。

5.1.3.1 "互联网+"推动企业全方位和多元化创新

未来脱颖而出的企业依靠的可能不单单是某一个独特的商业模式,更依靠企业对社会的担当,对利益相关者的责任。如今,"云""网""端"已经成为支撑产业升级和企业发展的新一代基础设施,更多的创新资源将向该领域积聚。在互联网的推动下,企业的发展理念更加丰富,发展空间更加复杂多维。跨界经营和企业生态圈的构建,使得传统产业边界日益模糊。企业可以沿着核心能力实现产业延伸,也可以根据信息和知识积累拓宽产业边界,还可以沿着客户群的需求去实现后向垂直整合,抑或借助大数据平台对现有商业网络实现利益增值重构。互联网开放、共享、协同、去中心化的特征推动创新主体、创新流程和创新模式的深刻变革,越来越多的企业将借助互联网在研发、设计、制造、营销及服务等多环节实现与用户的互动分享,构建客户需求深度挖掘、实时感知、快速响应、及时满足的创新体系。此外,企业组织形态呈现小型化、分散化、创客化、网络化、平台化等多维发展的态势,为此要建立以大数据应用为支撑,以产品和技术标准为纽带,推动企业全方位和多元化创新。

5.1.3.2 企业要加快产品创新与服务多元化

创新对企业发展具有重要的影响。通常,创新活动具有典型的高风险与高收益并存的双重特征。一方面,加大创新投入能够有效帮助企业获取技术优势,

塑造技术壁垒，提高产品利润；另一方面，创新活动的结果是不确定的，一旦失败，即有可能引起企业利润的大幅波动。由此可见，在加快企业产品创新的同时更要采取有效措施积极应对风险。

企业对核心技术会投入大量的资源，但由于成本控制和自身精力有限，对风险的研究和控制却相对较少，但是战略风险对企业的影响却是巨大的，有时甚至是毁灭性的。因此，加快产品创新与服务多元化，一方面，通过合作创新和技术联盟，不但可以提升企业的市场竞争力，而且对企业战略风险具有十分重要的意义。加快产品创新和服务多元化能够让企业在国际竞争方面快速提高竞争力，也就是说企业的整体产品创新和服务的多元化，需要企业在实施具体业务操作的过程中，不断整合资源、设定战略规划的方针、提高细微推进的方式水平、保证各项活动能够按照要求进行，更能够使活动符合客户的需求，在产品创新和服务多元化的整体规划上，以商业服务为主、以文化传播为辅，使活动能够展示出国家与国家之间的优势合作、民族与民族之间的文明对接。真正发挥企业类型的优势，强化企业在发展进步过程中，创新出更新的模式、更新的方法、更新的理念来适应不断变化的市场需求。另一方面，坚持底线思维，为企业创新提供必要的风险预警。企业有必要科学规划创新投入和制定创新策略，提高创新投入的使用效率，避免出现反向结果。有关部门对企业创新要进行科学引导，不仅要为企业的优质创新项目提供良好的政策支持，促进科技成果转化，更需要及时为企业指出创新可能存在的风险点，警示企业避免短期化冲动，追求长远健康发展。另外，通过健全的企业战略风险防范机制，在实施决策时将实际情况与企业战略进行对比，一旦发现不足应当及时调整，从而为企业战略的有效执行发挥至关重要的作用。

5.1.4 建立企业风险防范机制，加强对战略风险管控

在当前的市场环境下，企业为了增强综合实力，确保企业战略更加合理，应当对控制企业战略风险予以高度重视，并采取有效的措施加以应对。在实际

应对企业战略风险过程中，企业需要建立健全企业战略风险的防范机制，为应对风险提供有力的依据。

通常，企业在经营过程中，如果企业战略存在不合理之处，产生了企业战略风险，必将影响到其日后的发展，所以应当采取有效的措施对企业战略风险进行控制。一般而言，企业战略风险管理机制要包括识别、评估、预警和防范等环节，实现对社会责任风险的规范化管理，真正确保企业社会责任风险管理能落到实处。此外，要从发达国家和地区寻找经验，参考其成熟的评估方法和应对机制。还要结合我国企业的管理水平和经营能力，建立合适的风险管理机制，要符合我国企业水平，还可以设立专业部门实时监测风险状况，及时规避风险，并分类管理，有效应对风险的发生。具体做法如下。

首先，创建企业战略风险识别机制。对于企业社会责任战略风险的有效应对，需要针对企业战略风险管理的初始信息进行有效收集，这主要是由于在企业战略的初始制定过程中，进行了大量数据信息的收集，不仅包括国家政策与法律法规等方面的内容，还包括市场行业与科技发展动态，以及消费观念的转变和竞争对手的状态，还有供应商与客户等信息，以此来加速企业的信息化进程，制定和实施正确的信息化战略，提升企业的信息技术应用水平和知识管理水平，强化搜索企业外部信息的能力和促进企业内部的信息资源共享，为企业战略分析提供技术保障。

为了进一步增强风险应对的效果，需要采用科学的战略风险识别方法，促进企业战略风险控制的整体效果得到最大限度的提升。具体可采用的方法如下。一是生产流程分析法。该方法重点针对企业容易产生错误的重点管理内容，实施流程管理，然后进行有针对性的改进，达到优化企业战略风险控制的目的。在风险识别分析期间，可以对主体结构实施因素分解，特别是对企业战略风险的成因、表现及存在等情况进行比较，对具体的风险因素进行分析，以便为企业战略风险的应对提供可靠的依据。二是资产状况分析法。在对企业财务报告进行有关分析时应当采取资产状况分析法，通过利用该方法，不仅能够掌握企业的基本财务状况，而且在规划战略时为其提供比较可靠的依据。同时，在具体执行企业战略过程中，能够充分地将企业的战略实施效果加以反映，从而实现对企业战略风险的最佳控制。三是专家调查法。在对企业战略风险进行控制时，需要做好战略风险评估工作，那么，应当采用专家调查法，发挥风险管理专家的主要的作用，对企业的实际战略风险进行评估。借助评估做出规律的总结，然后结合实际情况提出具体的风险控制策略，以此达到对企业战略风险实施合理防范的效果。总而言之，在应对企业战略风险过程中，需要针对具体的情况，采取科学的战略风险识别方法，从而实现对战略风险的有效识别，并为增强企业战略的科学性打下坚实的基础，推动企业的可持续发展。

其次，建立战略风险评估机制。战略风险主要包括企业战略与企业风险，倘若企业没有重视战略风险，落入战略风险之中就会给企业造成严重的损失。因此，企业必须要从自身的实际情况出发，并高度关注企业内外部经济环境形势的变化，建立科学的战略风险评估机制，特别是对于企业面临的各种难以识别的事项可能导致的不可预知的不良影响，应建立动态的风险评估机制。对于识别或者预测出来的风险，要进行评估，即进行风险的衡量，采取科学的手段对战略风险评估机制进行相应的评估，并在企业的发展中使用评估机制，科学评估战略风险。这就要求先分析出企业存在的诸多风险，估计每一种战略风险的重要程度，评价各风险发生的可能性，采取各种科学且有效的措施防止各项风险的发生；然后要确保风险应对策略的有效性，在强化战略风险评估的情况下，制定风险执行保障制度，要求各部门和人员共同配合，从企业整体目标出发，强化信息沟通和共享，确保措施的有效执行，充分发挥内部控制风险管理的作用，建立评价、考核和激励机制，实施基于内部控制的风险防范，在考虑企业战略目标的情况下用最低成本达到最佳的风险控制效果，通过这些行之有效的措施，确保战略风险评估机制的数据被合理利用，进而减少风险。

再次，建立风险预警监控机制。建立风险预警监控体系是对战略决策风险进行全过程控制的重要一环，覆盖企业经营的各个方面，兼有风险预测、风险识别、风险处置等职能。风险预警监控机制的主要功能是通过各职能部门收集和整理的企业能力、效率、水平信息及市场现状、容量、趋势、前景等信息，为决策提供辅助和支持，促进决策最大的可执行性。

最后，完善企业战略风险防范机制。企业必须了解内外部环境，结合具体的情况建立防范机制，保证企业战略风险防范机制的构建更为科学。从根本上讲，企业的稳定发展，不但与外部环境有着密切的联系，而且与内部环境管理息息相关。因此，在制定企业战略时，为了保证发展规划的合理性，企业应当对内部与外部环境均有更加深刻的了解，经济与技术等方面的因素，均作为战略制定时考虑的内容，将控制战略风险作为重要目标，为企业战略风险的控制奠定良好的基础。另外，通过健全的企业战略风险防范机制，在实施决策时将实际情况与企业战略进行对比，一旦发现不足应当及时调整，从而为企业战略的有效执行发挥至关重要的作用。

5.1.5 提升企业的信息技术应用，做好战略风险管理工作

针对前面提到的战略假设风险，企业需要加速信息化进程，制定和实施正确的信息化战略，提升企业的信息技术应用水平和知识管理水平，强化搜索企业外部信息的能力和促进企业内部的信息资源共享，加强战略风险管控，为企业战略分析提供技术保障。

5.1.5.1 建立切实能推进信息化的组织

为了确保企业战略风险得到有效的控制，企业高层领导者和战略管理部门的专业人员做好战略风险管理工作也是十分必要的。首先，为保证信息系统能切实发挥作用，企业自身应该建立相应的信息化组织，参与信息化的全过程。这支队伍应该由企业的高层领导挂帅，以信息服务专职人员为主，业务部门代表参与的人员结构组成。此外，为了使战略风险防范能够有序地实施，企业需要加强信息化人才队伍建设，将信息化知识培训列入培训的内容和计划中，提高组织的信息化知识水平和能力，为战略风险管理的顺利进行提供信息和人才保障，这样可以有效降低战略风险。

5.1.5.2 提高获取关键信息的能力

如前所述,战略假设风险的成因主要不是信息获取问题而是如何从大量信息中提取有用信息,这就要求企业有效利用新媒体获取信息,实现企业与利益相关者的沟通交流。对企业而言,新媒体是一把双刃剑,若利用不好可能会给企业带来较大困扰,而使用好了则可以产生较大的品牌塑造效应。值得注意的是,企业不能仅仅停留在建立或者占有新媒体账号上,而应成立专业化的新媒体应用管理部门,致力于建立新媒体传播的网状结构,将企业的社会责任活动定期或不定期地与利益相关者沟通交流。此外,企业要应用信息技术特别是实施企业资源规划(ERP)系统、客户关系管理(CRM)系统和供应链管理(SCM)系统等基于互联网的信息系统,这样获取信息的效率就会提高,实时获取信息的比例也将大幅上升,信息共享具备了坚实的基础,战略分析因而也具备了更充分的条件。

另外,企业还应该不断地健全战略风险管理的目标体系,明确企业战略风险识别、评估及监控的流程,并且制定科学的战略决策流程,构建内部控制制度,为企业战略风险管理工作的有序开展提供可靠的依据。当然,企业还应当设计比较合理的组织框架,执行全员风险管理。企业在实施战略风险管理工作过程中,一方面需要提升战略风险管理的意识,努力优化内部审计的建设,不断健全审计的流程,发挥审计的重要作用,从而为提高战略风险管理工作的质量创造有利的条件,也达到对企业战略风险予以有效应对的效果,最终促进企业的进一步发展。另一方面要做好风险转移。风险转移是指企业在生产经营中无法回避或难以回避的风险,对此类风险,企业从根本上难以回避且自身管理这类风险的能力有限,或即使可以管理此类风险,但管理此类风险的成本和代价太大。因此,处理此类风险的方式是将其进行适当的转移,建筑企业战略风险转移是指在企业战略活动中,设法将战略风险连同应对风险的责任转移给第三方。战略风险转移只是将管理风险的责任转移给另一方,但是不能消除风险,其不是放弃或中断带有风险的开发活动,而是允许开发活动正常进行。但将建筑企业经营活动中的战略风险可能带来的损失转移给了第三方,转移战略风险一般要向第三方支付一定的费用。这种控制方法用于处理发生概率小但损失大或者很难控制的风险的情况。

5.1.5.3 提升互联网技术的应用能力

随着经济全球化进程的推进和互联网技术的突飞猛进，各行各业企业均陷入日益激烈的市场竞争中，为了提高自身的核心竞争力，立于其他企业之上，各大企业相继引入互联网技术，构建信息化平台，不断提升企业的互联网研发、采购、营销应用能力，这对于提高企业的工作效率，降低企业的生产经营成本及增强企业的经济效益具有积极影响。

首先，要提升企业互联网研发应用能力，借助大数据分析，挖掘目标消费者的行为特征，让消费者参与，设计需求由用户在平台提出，设计师网络在线接单并进行设计，同时，借助云项目管理软件，开放式管理项目动态，与设计师、专家、设计硬件、软件等设计资源互动，实现对新技术研发。其次，要提升企业的互联网采购应用能力，通过构建网络采购平台，逐步集成供应链上、中、下游对象，实现信息双向交互，货款一键式触发支付。最后，要提升企业的互联网营销应用能力，利用互联网进行大数据分析，实施精准营销，全渠道覆盖，深度分销，立体与客户进行交互，动态互动，努力做到全天候、全生命周期服务，随时满足消费者。值得注意的是，互联网技术是一把双刃剑，一定要加强抵御网络风险的能力。尤其是新技术、新业务中的风险问题，以此，提升网络安全技术的防御能力，保障硬件设施、软件设施和专用安全产品的风险控制能力，强化对网络安全的监督控制机制，加强应急响应体系、应急处置体系、风险评估体系、安全监控体系、信任等体系建设，采取有效措施积极应对互联网技术使用中的各种风险。

5.2 从中观角度层面

企业作为一个子系统，其内部又会产生企业与整个行业、同质企业、供应商、销售商等相关企业和不同企业之间的竞争、冲突、顺应、和解和合作的关系。

5.2.1 平衡利益相关者之间的利益，有效防范战略治理风险

企业作为社会公民，其经营不仅与产业的上下游相关，而且包含内容更广泛的利益相关者，如企业员工、供应商、消费者、当地政府及所在社区等。企业的本质就是利益相关者缔结契约的载体，是社会经济活动的主体，如何协调利益相关者之间的关系进而实现共赢是降低企业战略风险的关键所在。

5.2.1.1 借助利益相关者提高风险承担能力

实质上，企业与利益相关者之间是一种互动的共生关系。因利益相关者是缔结契约的载体，故企业与利益相关者应该建立良好的关系，这对企业扩大市场、赢得机遇起到正面作用，从而预防战略风险，企业借助利益相关者提高风险承担能力是企业与其建立良好关系的重要手段。

随着利益相关者界定范围的扩展，企业在进行风险识别和应对方面，必须考虑利益相关者的利益诉求，以更加宽广综合的视角来提升风险承担能力。在利益相关者相对复杂而自身实力有限的情况下，企业首先应根据利益相关者对风险承担能力的影响程度，来确定利益相关者的优先次序，尽管这可能会有一定难度。随着外部环境变化和企业的不断发展，企业的主要利益相关者和其对风险承担能力的影响也在改变，企业应根据实际情况动态地进行调整。

5.2.1.2 平衡利益相关者间的利益，建立保护利益相关者正当权益的机制

企业的战略选择会对主要利益相关者的利益产生深远而长久的影响，所以各主要利益相关者都会通过各种途径来影响企业的战略选择。一般来说，主要利益相关者影响企业战略选择的最直接和最主要的途径是谋求一个或多个董事职位，但限于董事职位的稀缺性，一些主要利益相关者还会通过游说、舆论、谈判、对话乃至贿赂等手段来影响企业战略的选择。如果企业的某个或某些主要利益相关者不具备影响企业战略抉择的足够权力，那么他们的利益就有可能被侵蚀，久而久之，这种利益侵蚀会反过来侵蚀企业的战略根基，导致企业的战略风险。

按照弗里曼的观点，如果组织忽略了某个或者某些能够对组织产生影响的群体或者个人，就有可能导致经营失败，引发企业战略风险。正像利害关系者会受到企业的决策、行动的影响一样，这些利害关系者也会影响该企业的决策、行动，二者之间存在双向的影响和作用力，因此，需要建立能够保护所有利益相关者正当权益的机制。

5.2.1.3 有效获取内外部社会资源，建立与利益相关者良好沟通的机制

企业社会责任战略实施的关键在于如何通过社会责任实践活动获取社会资源。如股东、员工等内部利益相关者是企业的重要内部社会资源，如何取得他们的支持是社会资源管理部门要解决的问题。消费者、社区、环境、政府等是企业的重要外部资源，如何将他们的利益诉求整合到企业核心生产业务中也是社会资源管理部门的重要研究课题，如果得到有效整合，企业将获得更多支持。否则，企业社会责任实践活动可能就得不到外部利益相关者的响应。

企业建立与利益相关者良好沟通的机制，如定期编写发布企业社会责任报告，客观真实披露企业履责信息；建立健全发言人制度，对利益相关者关注的重大事件、企业经营决策、重要活动进行通告；积极参与社会公益活动，以此为桥梁与利益相关者进行沟通交流。通过以上方法，与利益相关者进行积极互动，加强沟通交流与信息传递，能及时了解利益相关者的动态和需要，解决企业社会责任缺失问题，确保企业目标和利益相关者利益诉求相统一，和利益相关者风险共担、资源共享，实现企业的可持续发展。

5.2.2 建立民主决策机制，有效防范战略刚性风险

企业的决策是在一定环境条件下，按照一定的程序，由单个人或集体做出的。个人的阅历、决断力、分析甄别能力等诸多主观方面因素，以及信息不充分和其他不可预知的客观因素都要对决策风险产生影响，因此，建立有效的决策机制，是防范战略刚性风险的重要保障。

5.2.2.1 提高责任意识，增强科学决策水平

企业在执行集体决策制度中，可通过章程、内部决策制度明确董事会、总经理及部门负责人的分级决策权限，建立严格的董事会决策程序和制度，明确集团公司、控股子公司、投资企业三级决策管理层级，实现适当分权，有效监督，进一步加强董事会建设、明确监事会法定地位、规范高管层履职、加快建立业绩考核机制、建立市场化退出机制，增加决策的及时性和准确性，从制度上降低决策的风险。当然，要明确领导干部在决策中的地位和重要性，将个人的责任荣辱和集体的责任荣辱结合到一起，通过执行规范的决策程序，制定一系列实施流程和细则，为最终决策做出支持，从而避免出现"随大流""一言堂"的情况，也能够适应企业面临的内外部环境变化，从而更好地降低企业战略风险，提高企业的科学决策水平。

5.2.2.2 建立民主决策机制，强化决策者的责任担当

要想科学民主依法决策取得较好的效果，就需要所有决策者具有很强的责任感、使命感，对企业负责，对个人负责，有担当精神。没有责任，就没有管理，没有责任，就没有风险控制，没有责任，就没有决策效果。决策集体想讲真话、敢讲真话、有能力说真话、有能力去把关。此外，建立民主决策机制，不但要保证员工的民主参与，还要有助于提高决策的正确性。员工（代表）大会是员工参与企业活动的主要方式，应定期举行员工（代表）大会，提高员工的民主意识，并将其规范化与制度化，定期培训员工的业务能力，不断提高他们的经营管理能力，提高决策的科学性。通过对企业日常事务与重大事项的讨论，实现员工的决策权。此外，也要鼓励外部利益相关者提出建议，培育畅所欲言的氛围，使企业内外部利益相关者能够通过讨论和对话来协调彼此的战略利益与短期利益，就企业的战略发展达成共识。

5.2.3　建立利益相关者信息沟通制度，有效防范战略假设风险

建立企业社会责任的信息沟通是利益相关者管理的一种途径。企业通过提供社会责任信息及其他形式的单向或双向沟通，可以实现与利益相关者的互动与关系维护。按照利益相关者对企业社会责任的兴趣和关心程度不同将其进行细分，这样有助于企业积极披露社会责任信息，改善与利益相关者的关系，获得更多利益相关者的理解和支持。

5.2.3.1　制定利益相关者管理策略，建立利益相关者信息沟通制度

信息沟通机制是一个企业对信息在组织内部传递的基本准则，包括信息、传递、层级、交互和处理等各个环节的制度设计与标准，较为优化的信息沟通机制是企业防范风险的有效保障。完善的信息沟通制度使利益相关者能够适时了解企业战略的制定和实施情况，在信息透明的前提下参与企业决策。通常，要做出充分反映民意的决策需要完善的信息反馈机制和畅通的"交流管道"。一方面，企业的战略决策是否合理，是否能够充分反映民意，企业决策层本身并不完全具有发言权，而是要通过监测和反馈民众对决策的反应来表达。例如，在职工中培养和挑选有正义感、有责任心的代表，赋予他们一定的监测反馈权，对职工反映的意见和建议进行收集、整理和筛选，及时上报决策者。另一方面，这种信息反馈机制的建立离不开"交流管道"的顺畅。如果不在企业和利益相关者之间建立稳定、平等和迅捷的交换意见的平台，就会使言路淤塞，民意表达受阻，最终有可能导致舆情向不良方向发展，因此，使利益相关者能够适时了解企业战略的制定和实施情况，对企业重大经济决策具有发言权，在一定程度上会有效防止"管道淤塞"，甚至"管道爆裂"，有效避免战略风险。

5.2.3.2　完善战略风险管理信息系统

企业战略风险管理信息系统的构建离不开企业利益相关者的密切配合，它的涉及面十分广泛，在建立信息系统之前一定要对企业的现状进行充足的评估，

从企业内部结构、业务流程清晰度、资金实力、各部门信息的数据化程度、领导层的态度等诸多方面进行衡量之后，再制定详细的企业战略风险管理信息系统构建规划，完善企业战略风险管理信息系统应遵循以下要求：一是内容要求。要涵盖战略风险管控的基本流程；涵盖内部控制体系的各环节；将信息技术应用于信息的采集、加工、分析、报告、披露等的各项风险管控工作。二是功能要求。要具备量化风险、反应风险、监控风险和风险报告等基本功能要求，对各类战略风险进行量化，实时跟踪和反应风险状态，进行重大风险和重要单位的风险监控，设置风险预警线和风险警报机制，对异常风险有快速的报警机制，满足风险管控内外部门对风险信息的报告要求。三是实现信息的集成与共享。信息在企业内各利益相关者间汇集和共享且不出现重大遗漏和误解，是战略风险管理信息系统对信息集成与共享功能的基本要求。集成和共享要求风险管理信息系统既能让信息满足独立部门的风险管控需求，也可以实现风险信息在相关的利益相关的部门的集成和共享，以满足企业内外利益相关者对风险管控需求。四是信息系统的完善和改进。企业面临的风险在不断地变化，一段时间后总有新的风险因素涌现，也可能有部分风险因素消失，对于战略风险的管理理论也在不断改进中，所以风险管理的信息系统也应该是与时俱进不断完善和改进的。

5.2.3.3　发挥利益相关者在企业社会责任治理控制中的信息沟通作用

战略风险管理的过程就是一个不断进行各类信息收集、整理、处理进而进行风险识别和评估，之后制定风险应对策略，在风险因素发生时根据即时的信息交互进行有效应对和策略调整的动态过程。在这个过程中，对信息本身的规范性、真实性、时效性、完整性都具有非常高的要求，同时也对信息的传递、交互、存储、处理有极高要求，因此，健全信息沟通机制是战略风险管理得以成功实施的重要因素之一。由于企业社会责任战略风险建构主体的多元特点及风险本身的复杂性，使得因风险呈现出的问题具有多面性和不可预测性，从而企业的信息沟通也具有综合性的特点。通常，内部的风险信息交流与外部的风险沟通对企业来说一样不可或缺，这就要求利益相关者要以社会舆论为导向，呼吁企业自愿履行自主性社会责任，加强与媒体、舆论、网络、消费者协会、工会组织积极沟通，形成多层次、多渠道的全面监督体系，促使企业履行社会责任，为企业的风险管理赢得更为准确迅捷的信息和更为畅通高效的传递渠道，从而有效达到信息沟通的目的。

5.2.4 构建和谐的企业文化，有效防范战略错位风险

企业文化是企业的灵魂，是推动企业发展的不竭动力。它包含着非常丰富的内容，其核心是企业的精神和价值观。这里的价值观不是泛指企业管理中的各种文化现象，而是企业或企业中的员工在从事商品生产与经营中所持有的价值观念。

5.2.4.1 营造支持合乎伦理行为的组织文化氛围，提高企业的战略执行力

科学地营造支持合乎伦理行为的组织文化氛围，扎实地推进组织文化建设。一方面，领导者要培育员工对新生事物的适应能力并在企业内部形成一种崇尚变革的企业文化；另一方面，为了加强员工对不同文化传统的反应与适应能力，促进不同背景的员工之间的沟通与理解，需要进行跨文化培训，这样不仅可以减少战略错位风险，还可以提高决策效率、促进信息沟通、增强企业的凝聚力。这样才能从文化的深层机制上促成现代商业合乎伦理标准的商业行为。现代商业组织才能在文化的深层推进下得以可持续发展。

企业的战略一经确定，就要充分调动战略执行人员的积极性和创造性，对组织结构、企业文化、薪酬激励等要素渐次进行调整，使企业的资源和能力与战略目标的要求相匹配，持续提高企业的战略执行力。企业要适应外部环境、社会文化氛围、组织制度的变化，将构成组织文化的各异质文化要素统合为一个有机整体。

5.2.4.2　企业要以弱化政治行为为目标，循序渐进地变革企业文化

企业政治行为属于非市场战略的一种，这种非市场战略与传统的战略管理研究中探讨的市场战略，如模仿战略与组织学习等，对于改善企业的经营绩效有积极作用。然而，现实中存在大量不正当的企业政治行为，特别是企业与政府之间多通过非制度性链条沟通，就会破坏企业政治行为的生态环境，这就要求企业做到：一是要以弱化政治行为目标，积极构建政府与企业间的制度性链条，以此促进企业政治行为的生态化；二是通过培育多赢合作、以人为本、持续发展、社会责任等有利于企业发展的价值观来减少个体利益冲突，促进员工之间的互动式信息交流，塑造团队协作的氛围；三是培育出适合企业成长发展的民营企业家文化，使其具有超前思维、超前决策、超前工作、超前防范风险等能力；四是建设和谐的企业文化，利用企业文化规范员工的企业政治行为，引导个体了解企业文化，个体与群体之间形成"平行影响"，直到形成优良集体，共同形成自觉维护企业利益的政治行为文化，减弱企业内政治行为的影响。

5.2.4.3　发挥企业文化软约束，保障企业风险防控的执行效力

加强企业文化与内部控制活动相结合，实现刚柔并济，增强企业风险防控的执行效力。通常，企业要遵守重要性原则，即抓关键控制点，将精力主要投入关键业务活动，对企业高风险的领域制定有效的内部控制活动，减少风险的发生。一方面，管理者在企业中起着带头作用，他们对风险防控活动的态度直接影响着员工的态度，而且管理者既是风险防控的设计者也是执行者，所以，管理者需要提高对风险防控的重视，明确风险防控在企业中的重要作用，建立完善的风险防控活动，而且要对自己严格要求，不凌驾于控制活动之上，给员工起到好的示范作用。另一方面，员工在提高内部控制活动的执行力方面起到关键性的作用，员工作为企业文化的践行者，要在企业文化的指引下，全面提高自身素质，用企业的价值理念引领其日常工作行为，自觉遵守各项控制活动。良好的企业文化可以在企业内营造和谐的文化氛围，

员工互相指导、互相监督、互相学习，共同按照企业文化所倡导的价值观和道德观来规范自身行为。

5.2.4.4　建设学习型组织，化解和分散风险

企业要通过建设学习型组织来培养开放进取的观念、持续学习的态度、不断破除思维定式的勇气等，建立不断超越自我和超越现状的文化。根据彼得·圣吉的看法，学习型组织具有很强的自我更新能力和环境适应能力，它能够摒弃自身的偏见和陈旧观念，面向未来吐故纳新。因此，通过构筑企业共同愿景，建设学习型组织，将有助于企业化解和分散风险，增强企业的抗风险能力和文化适应能力。

5.2.5　倡导正确的治理伦理，有效防范战略风险

在层次中形成以契约和诚信为纽带的伦理关系，即通过订立并遵守各种经济合同，坚持诚实经营，保证交往的公平与公正，表现为企业既有在市场中取得其他企业的资金、技术、信息、人员帮助的权利，也有遵循市场竞争的规则和以诚实信用维护市场秩序的义务。研究表明，企业合乎道德的行动一方面会形成企业的声誉收益，另一方面可以减轻企业由于疏远核心利益相关者而导致的声誉毁损风险。所以企业通过从商业伦理方面为自己制定更高的社会责任标准，在很大程度上可以约束管理人员做正确的事情，防止其在经营中出现违纪违法行为。

5.2.5.1　不断健全公司治理结构、完善企业的治理规则、倡导正确的治理伦理，确保企业战略选择的科学性和合理性

目前中国的公司治理模式呼唤伦理精神的回归，即企业也需要真正的伦理治理战略。因此，需要将治理伦理融入企业的管理、治理和控制结构之中，从而提升公司的伦理水准。按照风险理论，伦理风险管理必须涉及伦理业务实践的指导和激励组织内这类行为的机制。在具体的操作方面，公司治理需要执行

层面有领导者、各个层面上有伦理日程表、伦理审计有承诺，而且公司有必要制定管理和评价公司治理伦理进度的程序。具体表现：一是应该完善股东大会治理伦理。股东伦理直接影响企业整体的经营管理活动，对企业的治理伦理具有举足轻重的作用。一方面，要加强股东自身行为的伦理性，特别是大股东行为的伦理性，使其在对公司决策、行为施加影响时，要坚持伦理导向；另一方面，在股权结构的制度设计中应当体现伦理的理念，防止一股独大所引发的"关键人控制"和"内部人控制"的问题。二是应当完善经理层治理伦理。建立起对经理层考核的"伦理激励"机制，这种机制除了追求经营业绩结果，还关注结果的获得方式，对企业的治理有一定的作用。

5.2.5.2 构建良好商业伦理环境与氛围

商业伦理是一种巨大的无形资产，是商业经营者永续发展的原动力，这一点也已经被古今中外无数商海沉浮的案例所证明。现代商业伦理更加强化了商业的可持续发展理念，现代商业伦理也就成了现代商业可持续发展的润滑剂与驱动器，拥有良好商业伦理环境与氛围的企业才能不断地壮大发展且永葆生机与活力。因此，为了营造支持合乎商业伦理行为的氛围，首先，企业要认真思考、广泛讨论、深入总结，支持合乎伦理行为的组织价值观和员工道德行为规范。其次，要积极宣传商业组织的价值观与道德行为规范。要在商业组织内部积极宣传，让员工们随处可见，随时可想，随人可谈，而且还要在社会广泛宣传，要通过产品介绍、广告、媒体介绍等渠道大力向社会推介宣传企业的价值观与员工的道德行为规范。最后，公司应当建立一种积极的组织伦理气氛，从而对组织及其成员的道德行为形成较强的影响力和控制力，使其在自愿性信息披露的过程中自觉遵守法律和道德规范，尽力权衡利益相关者的利益要求，寻求经济价值和道德价值的有效统一，从而有效减少并正确处理伦理冲突，切实保障广大投资者的利益。这样，才能从文化的深层机制上促成现代商业合乎伦理标准的商业行为，才能有效防范战略风险。

5.3 从宏观层面

从宏观层面，本书提出从政府、媒体、公众及社会组织等角度去营造一种企业社会责任战略风险的外部治理机制，实现企业战略管理的多元主体协同治理，有效降低企业社会责任风险。

5.3.1 突出政府的立法角色，提升施政能力

在我国，政府是推动企业履行社会责任的主要动力。政府介入企业社会责任活动的方式表现为政府干预。政府干预可以以社会管理者的身份进行，也可以以主权者的身份来进行，其干预方式主要有直接干预和间接干预两种。为了对企业社会责任的干预产生积极效果，政府就必须对自己在该方面的角色有一个清晰的认识和明确的定位。目前，针对我国企业社会责任战略风险存在的状态，政府主要扮演制定者、监督者、引导者、推动者等角色，这充分体现了政府在企业社会责任建设中的动力和重要作用。政府在推动企业履行社会责任时扮演不同的角色，起到不同的推动作用。

5.3.1.1 制定者的角色

政府推动企业履责的主要动力是制定相关的政策法规。政府作为制定者的身份，主要应采取以下措施。一是制定并完善特定的法律法规。政府作为社会管理者的职能之一，就是制定相关的法律法规，使企业社会责任纳入法治化、规范化的管理体系中。相关法规的制定和推进实施，使企业在政府管制下履行企业社会责任，从而取得较好的效果。随着社会的发展、行业的特性凸显，政府还需要对已制定的法律法规不断地完善，建立起健全的劳动关系层面企业社会责任的法律体系。二是建立 CSR 评价体系，使企业社会责任管理与国际接轨。CSR 评价体系被广泛使用，如道琼斯可持续发展指数、多米尼道德指数、《财富》等都将 CSR 纳入评价体系。涉及的主要指标有员工结构的多元性、劳

资关系、健康与安全、雇用童工情况、强迫劳动、工作时间、工资报酬、社区服务等，这些指标对我国制定劳动关系层面的 CSR 标准具有重要的借鉴意义，然而，由于国情、文化和经济发展阶段的差异，我国应在参照国际相关标准的基础上，由总工会、劳动局、社会保障局等部门牵头，结合我国实际情况，制定符合我国行业特点的 CSR 标准，并建立相应的 CSR 评估机构，对行业内企业的社会责任绩效进行评估。三是制定鼓励企业履行社会责任的指导政策。为了鼓励企业自觉履责，避免劣币驱逐良币的现象发生，政府在评价企业时，不能单纯看利润、规模，还应推出一系列优惠措施对积极履责的企业提供各种财产利益与非财产利益，鼓励企业自愿、全面地履责。

5.3.1.2　监督者的角色

对政府监管部门而言，需要实施适度的监管。政府可以通过制定法律、规章制度、信息披露制度、奖惩制度、评价与认证制度等，对企业是否履行社会责任加以监管。政府的监管行为以国家强制力为后盾，在企业社会责任方面形成对企业的硬约束。这种约束一方面是法律上的强制规范，违反这些规范的结果具有可预期性，企业通过对违法成本的预期约束自身行为；另一方面来自国家的行政行为，如行政审批制度，监督制度等，这些行政行为又以相关行政法规为前提。对此，需要从以下几个方面着手。

一是努力发挥政府监督的主体作用。政府是商业市场的监管与协调主体，发挥着主体作用。在现代法制监管不到的地方，更充分地发挥行规的监督作用，加强行业商业行为的伦理道德建设，对发现有悖伦理标准的商业行为及时制止、及时查处。此外，设立专门的企业社会责任投诉机制，强化对企业失信行为的惩戒。政府要以行政干预和经济协调为手段纠正或惩处企业逃避履责行为，以保证企业对社会责任的有效履行。对于拒绝履责的企业应予以严厉查处，并在各监督部门、行业内和媒体通报、备案，作为重点对象整改。

二是健全企业和政府信息披露制度。在完善相关法律制度的前提下，加强企业信息追溯体系建设，为企业信息披露制度提供法律支持和制度保障，增加其在生产实践中的可操作性。在对战略风险防范应对的过程中，相关的监管部门应当及时公开信息，确保把有效一致的信息充分及时地传递给消费者，同时还应当增加与消费者的互动交流，把握消费者的心理动态，合理引导舆论。特别要重视苗头问题并及时采取积极应对措施，争取在负面信息感染人群的超指数增长阶段到来之前化解风险。总之，政府一定要加强信息披露，减少政府和生产者与消费者之间的信息不对称，建立对风险有关的舆情收集、研判和回应机制，引导社会舆论朝着问题解决的方向发展。

三是政府要建立 CSR 审计制度。社会责任审计是对某一组织的活动，产生的社会影响和所负社会责任所进行的审核、稽查，并以报告的形式向社会公布，介绍企业的社会责任绩效，这样使社会全面地了解企业的履责情况，有利于社会各界监督企业各方面的工作，保护各企业利益相关者的利益。同时也可以使企业塑造良好的企业公民形象，提升企业的品牌价值，增强企业可持续竞争力。此外，政府除了制定社会责任法律法规，还应该建设交流平台，便于企业间对于社会责任制度建设的交流沟通，互相传授经验，提高国家社会责任水平；企业无形中对社会责任形成的良好认知，不仅能够改善企业社会责任的环境，还可以推进我国企业履行社会责任行为的规范化、标准化。

5.3.1.3 引导者的角色

政府在宏观层面的引导作用主要通过媒体的作用向外传播，向整个社会传播积极健康的社会意识，使社会中的每一位成员，不管其身份是消费者还是投资者，或者企业员工，都树立企业履责的观念。政府要为企业构筑起一个系统而完善的平台，促使企业提高社会责任感。政府作为引导者，主要是从观念上引导企业，引导社会。

5.3.1.4 推动者的角色

政府要用行政资源，推动公众和企业提高对企业社会责任活动的认识。可采取的方式主要有：第一，教育推动。可开办短期培训班，对地方政府管理部门的官员和企业经营者、管理者进行企业社会责任战略风险的培训,帮助企业树立社会责任的理念,在创造利润的过程中,不能忽视企业在该方面的责任,帮助企业建立企业社会责任的管理体系,使其管理制度化、规范化。另外,进行商业道德观培训及专业课程教育,使人们形成较强的企业社会责任风险意识与观念。第二,宣传倡导推动。政府应以座谈会、研讨会、媒体传播等方式,培养公民在该方面的社会责任意识,形成企业社会责任方面的外部环境压力与影响。

尽管强制性社会责任法律、规章制度的实施在一定程度上可以弥补企业社会责任战略风险损失问题,但是如果强制性水平要求过高可能会适得其反,因为根据本书的分析,过高的社会责任水平要求可能会导致战略风险发生。因此给予企业较多的空间,实施适度的监管标准将有利于降低战略风险。

5.3.2 发挥媒体的监督作用,加强舆论引导

在政府的政策支持下,媒体的主要作用是根据政府的宏观政策为社会形成企业社会责任的舆论环境。企业是在一定的社会环境中发展和运作的。在西方发达国家,企业社会责任也是靠市民社会的基础和各种社会运动的推动发展起来的。但是在中国,目前既缺少市民社会的基础,又缺乏社会运动的推动,因此,更需要形成良好的舆论环境。

社会舆论在企业责任制约中的作用主要表现在,一是理性的引导作用。即通过舆论的宣传和弘扬,使企业及其员工了解什么样的行为是合乎理性的、应该做的,什么样的行为是悖逆理性、不应该做的。通过社会舆论对正确信息的传递和理性取向的弘扬,可以减少企业及其员工道德活动的盲目性,促成其行为朝着社会理性所要求的方向进行。二是理性约束作用。社会舆论作为一种强大的社会精神力量,通过曝光、评价等方式,对企业的不负责任的行为形成强大压力和有效约束,敦促企业履行社会责任。三是理性激励作用。正确的舆论可以形成一种扶正祛邪、惩恶扬善、弘扬理性与正义的社会氛围,激发起企业

及其员工对道德理性的向往与追求,促成企业及其员工的自觉理性选择,提高企业履行劳动关系层面社会责任的自觉性。具体做法如下。

5.3.2.1 密切与媒体合作关系,进一步提高舆情处置能力

媒体是企业和利益相关群体保持密切联系的纽带,因此,企业要加强与当地各类媒体的沟通协作,建立良好的协调机制,对涉及的新闻报道,客观真实地反映相关信息。此外,企业应借助各种媒体平台,定期或不定期地宣传企业的价值理念。发言人制度、媒体访谈等方式都可以成为企业在利益持有者及公众心目中建立积极、良好声誉的重要媒介。自觉配合主流媒体强化舆论引导,凝聚民心民智,消除各类不良思潮的影响。特别是在处理社会公众关注的热点问题和突发性事件的时候,一定要及时通过主流媒体发出正面声音,公布权威信息,加强权威舆论引导。主动通过媒体宣传,展示企业改革发展形象、宣传推介企业产品的特色与优势,借助媒体提高知名度,提升人气,吸引人才,借助媒体的慧眼匠心策划企业开发、发展。举办各类文化艺术活动等,也应争取媒体广泛参与。

5.3.2.2 提高舆情防范意识,严格遵守新闻宣传纪律

从中国现实情况看,以互联网快速发展为代表的新闻信息传播方式的巨大变化,对企业战略风险管理工作提出新的挑战。近年来,以互联网为代表的新兴媒体迅猛发展,论坛、博客、微博、微信、抖音、QQ 等多种信息载体不断涌现,每个网民都是传声筒,每个网民都有麦克风,都可以成为信息的发布者和传播者。一篇负面报道若在短时间内不加干预,处置难度会成倍增长,甚至很难进行有效处置。某些话题经过媒体炒作和网络的推波助澜,在社会上引导或左右公众的认识和判断,将给企业带来巨大的声誉压力,甚至造成重大损失。因此,企业要切实做到业务规范,依法合规,企业内外规章制度执行、落实到位,从根源上避免舆情发生风险。另外,要及时跟踪商业组织的商业活动,及时发现并曝光那些不合伦理标准的商业行为,尤其是那些损害事实真相的行为,赞民

众以公道、匡扶正义，情系民生，尽可能地减轻事件所带来的利益损失，维护广大民众的切身利益。同时，及时发现并报道那些具有高尚道德情操的商业行为，为社会商业道德的建设营造良好的舆论氛围，形成一股正气。总之，要充分地发挥舆论的监督作用来促成合乎伦理的商业行为。

5.3.2.3 明确有效管理声誉事件的报告和处置程序

企业不仅要对已发生的重大声誉事件启动应急预案，还要对可能引发重大声誉事件的行为和事件适时启动应急预案；对涉及重大声誉风险事件处置的整个过程中团队建设、信息发布、舆情分析、报告路径和事后评价等，也提出了原则要求。尤其是声誉风险事件发生后，应在第一时间将事件简要情况报告总行办公室和公关部。对于情况较为复杂的事件，应在报告基本情况后，继续关注事态发展，续报有关情况。报告内容包括：声誉风险事件的基本情况、涉及对象及事件发生的原因、性质、现状、后果、处置情况、发展趋势及下一步所要采取的措施和工作建议等。

5.3.3 引导公众监督风险决策，实现协同治理

由于企业社会责任战略风险建构主体的多元特点及风险本身的复杂性，使得因风险呈现出的问题具有多面性和不可预测性，这就对风险的治理提出新的要求。治理风险不仅需要政府、技术精英的参与，更需要企业、民间团体、公民个体等社会力量的参与。战略风险不仅是对社会风险管理系统能力的挑战，更是对全社会整体能力的综合考验，只有全社会团结一致，众志成城，将分散的个人力量聚合为整体组织的力量和社会的力量，才有可能化风险为安全。

一般而言，公众情绪是来自多个个体对影响集体事件的相似反应的集合，对于起先可能是杂乱的、各式各样的个体情绪，为了携手公众共同抵御战略风险，成熟、理性的媒体将会进行广泛而充分的社会动员，调动和提高公众参与风险决策的热情，争取公众对风险处置行动的理解、支持和主动配合。在媒体

积极与公众进行风险信息的交流互动中,一方面要努力让公众消除其悲观情绪,客观理性地认识所面临的风险威胁,另一方面要重建社会信任机制,让公众相信自身的智慧和力量,恢复对社会良好发展前景的信心。正是在社会各界公众广泛的风险信息交流中形成的强大舆论力量,才使公众监督风险决策成为可能。因此,要正确引导公众情绪,凝聚社会力量,引导公众分担战略风险责任的意识与能力。需要从以下几个方面着手。

5.3.3.1 完善公众参与监督机制

政府和企业要不断完善公众参与监督机制,保障公众参与渠道,拓展和优化社会监督和群防群控途径。作为战略风险信息的传播者,媒体组织在很大程度上把握着信息供给。基于社会责任,媒体组织在追求利润和扩大社会影响力的同时,需要明确自己在信息供给中的立场定位,坚守作为媒体人的职业道德操守,坚持批判性与建设性并存,传播真实理智信息,引导社会舆论朝着有利于问题解决和社会稳定的方向发展。作为实现商品价值的关键环节,消费者需要不断提高风险抵御能力,运用科学知识指导消费,避免因为风险问题导致的生命和财产损失。

5.3.3.2 加强公众对企业的监督

民众本身的正义感驱使他们不会放过那些不合乎伦理标准损害利益相关者利益的商业行为,他们会积极地发现、跟踪并向有关组织、机构报告。民众对商业行为的监督,可以形成对商业组织及其商业行为的客观真实评价,从而增强对产品及商品组织的信誉评价。因此,要使公众的监督充分发挥作用,就必须建立企业信息透明制度,迫使企业不时检讨自己的行为。对此,企业应该定时对外公布自己的运作情况,并且组织的财务使用情况应该做到公开透明,还要制定严格的惩戒制度,以此来规范组织的行为。此外,企业也不会为了自己的利润去损害整体的利益,战略风险会有不同程度的降低。

5.3.3.3 提高公众的信任度

公众对战略风险事件应对措施复杂而且难以预测，这就需要风险沟通，提高公众的信任度至关重要。首先，建立信任关系。研究表明，影响信任的主要因素有信誉、能力、信息、善意和责任，其中最重要的是信誉，企业的信誉是其生存之本，这也从公众信任方面得到了体现，企业更要注重企业信誉建设。信息公开方面，企业应当经常性地公开其产品信息，哪怕出现意外事件也不要隐瞒，第一时间解决问题是不会失去民众信任的，而隐瞒的代价是彻底失去民众的信任。其次，落实公众对企业社会责任战略风险管理的知情权，搭建一个沟通交流的平台，对出现的问题达成三方都能接受的方案，避免战略风险造成的社会不稳定。

5.3.4 构建能动性的社会组织，增强应对风险的能力

前面提出了政府要制定并完善法律法规的政策建议，虽然能够起到促进企业履行社会责任的作用，但是由于政府执法的行政效率问题，仍然会产生执法的"盲区"，也就是说即使建立了完善的法律法规，也很可能由于信息不完全等原因，使一些逃避履行社会责任的企业逍遥法外。在这种情况下就需要发挥社会组织的能动作用，社会组织往往可以对企业履行社会责任的基本情况有更为准确的了解，从而可以把企业的情况反映给政府，有效地成为政府的助手，提高政府执法的效率。社会组织在促进企业履行社会责任方面能够起到积极的作用。

为了防范和消除战略风险，必须构建合法的、强大的和具有能动性的社会组织，具体做法有以下几个方面。

5.3.4.1 社区

因企业的一切活动均要在社区中展开，履行社区责任可以提高企业盈利能力，增强企业应对市场风险的能力。研究发现，企业积极参与社区的慈善捐助

活动,将在很大程度上增强企业的品牌影响力与美誉度,提升顾客群体对企业活动的认可,使企业在市场经营过程中能够更好地亲近消费者,维护企业在市场中的地位,减少声誉风险。

5.3.4.2 行业协会

行业协会具有代表行业利益、在政策制定过程中发出行业声音和进行行业自律,履行保证产品质量、保护环境等职能。受自身资源和能力限制,监管者无法对所有生产者形成有效监管,行业协会可以利用信息优势发挥重要作用。另外,行业协会还可以通过加强与企业监管部门联系,提供有效信息,减少监管盲区,降低风险。特别是对于食品安全事件,行业协会加强与政府规制机构沟通,有助于消除食品安全事件的不良影响、对妥善处理善后工作具有积极作用。

5.3.4.3 商会

商会是一个会员制组织,会员的主体是企业。跟单个企业相比,商会具有天然的信息优势,其中最重要的是行业信息优势。单个企业对行业信息,特别是关于行业内其他企业各方面信息的了解是很受局限的。但是商会作为行业的代表,其对行业信息如消费者、从业者、会员企业的了解不仅更全面且更深入。现实情况表明,对于运作良好的商会,不仅会员企业会根据商会的规则定期主动向商会汇报一些信息,而且商会也能从与会员企业的频繁交往中获取企业的信息,进一步,商会还会根据需要通过访谈、调查等形式定期或不定期地收集相关的信息。因此,建立商会治理下的行业自律机制,加强商会在企业社会责任战略管理中的作用至关重要。

通常,商会治理下的行业自律机制发挥功能最重要的方式就是制定行业自律公约。商会信息沟通下可协调制定行规行约约束和规范企业的行为,来提升产业整体竞争力,如约束企业发售伪劣产品和规范企业售后服务行为等。这样,企业对消费者等利益相关者承担的社会责任程度就会提高。此外,商会主导下的行业自律主要是约束企业对消费者、竞争对手等利益相关者采取一些非道德的行为，因此，行业自律机制能显著提高企业对消费者、竞争对手等承担的社会责任程度，这就要求商会及时获取各企业的销售信息，从这些销售信息中分析出行业景气情况。商会通过访谈、调查等形式获取消费者的购买意愿、购买决策影响因素等信息，或者获取从业者工作满意度和忠诚度等信息，这能在一定程度上防范企业社会责任的战略风险。

5.4 本章小结

鉴于以上理论研究与实证分析，在复杂的组织运营情境及商业伦理的大背景下，履行社会责任可以说是企业在当下环境动态变化中的关键抉择。为了更好地履行企业社会责任，有效降低战略风险，本书从微观层面、中观层面及宏观层面着手，提出有效应对企业社会责任战略风险的对策建议，最终为企业长期持续的发展提供一定的借鉴。

6 结论与研究展望

企业在经营与发展过程中,由于受到诸多因素的影响导致面临战略风险,不但影响企业战略的可行性,而且不利于企业的可持续发展。因此,企业需要对战略风险予以高度重视,结合实际情况采取具有针对性的措施,实现对企业战略风险的防范,确保企业战略更加科学,保障战略目标顺利完成。这样能使企业在人才管理及技术创新等方面都得到提升,从而增强企业的综合实力,取得良好的发展。

本研究注重与社会实际相结合来解决企业社会责任与战略风险的现实问题,探讨了利益相关者对不同类型战略风险的作用及商业伦理功能和伦理决策机制下企业社会责任对战略风险的影响机制,探索了企业社会责任作用于战略风险的路径,并提出相关的研究假设,构建了理论研究模型,采用实证分析方法对假设进行了验证,主要形成了以下研究结论。

(1) 本书在借鉴相关学者研究成果的基础上,结合所调研企业的实际情况设计出企业社会责任与战略风险的问卷测量。在设计出问卷初稿后,征询了专家、业界人士及消费者的意见,修改问卷的不足,然后进行小样本测试后再修改问卷,最终形成本书所需要的调研问卷。

(2) 本书对商业伦理下企业社会责任对战略风险的影响所提出的研究假设分别进行实证检验,研究结果与预期结果基本保持了一致,主要结论有:一是利益相关者责任能够显著降低战略风险。企业履行利益相关者责任对企业风险控制影响十分显著，假设 H1 得到验证；经过进一步细化研究得出假设 H1a—H1d 假设成立。二是商业伦理功能对企业社会责任和战略风险之间的关系起调节作用，实证验证得出融合功能与约束功能均对利益相关者责任规避风险有着促进的作用。因此，假设 2 与假设 3 成立，假设 H2b、H2c、H3d 不成立。三是伦理决策机制对企业社会责任和战略风险间的关系起调节作用。本书检验可知，利己主义决策机制能弱化利益相关者责任规避战略风险的程度，因此假设 H4 成立，实证检验发现 H4a—H3c、H4 成立，而假设 H4d 不成立。

（3）鉴于以上理论研究与实证分析，在复杂的组织运营情境及商业伦理的大背景下，履行社会责任可以说是企业在当下环境动态变化中的关键抉择。为了更好地履行企业社会责任，有效降低战略风险，本书从微观层面、中观层面及宏观层面着手，提出有效应对企业社会责任战略风险的对策建议，最终为企业长期持续的发展提供一定的借鉴。

本书通过对商业伦理下企业社会责任对战略风险的影响进行研究假设、构建理论模型及实证分析对假设进行验证，从而得出各变量之间关系。但本研究仍存在一定的局限性，主要表现在以下三个方面。

（1）样本数据的选取及其代表性有局限性。本书选择的样本企业主要分布在山西、河北、山东，调查的对象集中在代表性企业的经理、员工，也有部分公众和消费者，从收集回来的数据看，样本的代表性和解释力都有一定的局限性。后续研究可以引入更广泛样本，这样的研究将会更具有普适性和代表性。而且，本书所获得的数据是一次性获得的截面数据，对商业伦理道德在时间维度上如何影响企业社会责任的情况没有充分考虑，研究涉及的因素之间的联系可能更多地反映的是其相关性。因此，后续研究如果采用时间序列的数据来进行分析，可以更加有效地论证各因素之间的因果关系。

（2）关于企业社会责任对战略风险影响因素的进一步归纳整合。现实企业中各类社会责任活动之间往往有交叉重叠，具体活动情况复杂多样，这给企业社会责任研究既带来了挑战也提供了机遇，也为企业不断探索社会责任创新提供了更多思路。这就需要明确企业社会责任在企业经营和战略管理中的重要作用和战略地位，更加清晰地厘清企业社会责任对战略风险的作用机理，通过构建各种层面的中介作用及调节效应，使研究结论更具有现实的指导意义与价值。

（3）增加对新兴行业的企业社会责任战略风险控制。互联网和共享经济的发展，催生了很多区别于传统行业的新兴行业，尤其是以互联网和共享经济为基础的互联网企业近些年得到了非常迅猛的发展。这些行业中有很多与互联网和共享经济相配套的物流、金融等企业。这些行业的迅猛发展给人们带来了生活方式的变革，但同时也带来了许多社会责任问题。这些新兴行业是以互联网和共享经济为基础的，一旦问题爆发，其受众和影响面就非常大，对企业也是致命的打击。因此，研究这些新兴行业的企业社会责任战略风险问题，也将是未来研究的重要方面。

参考文献

岑微微，2016. 企业社会责任信息披露影响因素分析及政策建议 [C]. 今日财富杂志社 .2016 年第一届今日财富论坛论文集 . 呼和浩特：今日财富杂志社：33-34.

曾祥云，2019. 论《社会契约论》中的契约——基于企业发展角度 [J]. 法制博览（22）：220，222.

曾俣琳，2019. 委托代理理论和博弈论在保险组织中的应用 [J]. 广西质量监督导报（7）：14，7.

柴栋，2016. 企业社会责任信息披露对资本成本的影响研究 [D]. 呼和浩特：内蒙古财经大学 .

柴红霞，2018. 西方近代社会契约理论的演进逻辑 [D]. 大连：东北师范大学 .

车培荣，田雪力，2016. 社会责任信息披露水平与资本成本关系研究 [J]. 北京邮电大学学报（社会科学版），18（6）：64-73.

陈博，2018. 上市公司社会责任对财务绩效影响研究 [D]. 哈尔滨：哈尔滨商业大学 .

陈超，2019. 社会责任、创新投入与企业财务绩效关系研究 [D]. 济南：山东建筑大学 .

陈刚，董笛，2018. 企业社会责任与企业绩效关系研究 [J]. 商业经济（9）：125-127.

陈冠宇，2019. 企业社会责任与财务绩效关系研究——基于我国房地产行业的实证研究 [J]. 环渤海经济瞭望（1）：50-51.

陈欢，夏频，2016. 企业产权性质、治理结构与社会责任信息披露——来自中国 A 股上市公司的经验数据 [J]. 现代商贸工业，37（21）：97-100.

陈丽琼，2018. 企业社会责任对债务违约风险的影响 [D]. 厦门：厦门大学 .

陈恋, 2017. 社会责任信息披露质量对权益资本成本的影响——基于生命周期视角 [J]. 科学决策（1）: 36-51.

陈容, 2015. 企业社会责任信息披露及其影响因素研究——基于食品行业上市公司的经验数据 [J]. 商业会计（24）: 15-18.

陈勘, 2020. 声誉在企业社会责任与绩效之间的作用——以商誉作为声誉度量方式的讨论 [J]. 西部经济管理论坛, 31（1）: 86-96.

陈燕, 2016. 企业社会责任与财务绩效关系的实证研究 [D]. 南京: 南京财经大学.

陈怡然, 2016. 企业社会责任报告的披露与资本成本关系的研究 [D]. 北京: 北京交通大学.

陈治言, 2020. 企业社会责任、女性高管与企业价值探讨 [J]. 现代商贸工业, 41（5）: 164-167.

陈忠海, 2019. 中国古代的商业伦理观 [J]. 中国发展观察（12）: 63-64.

程泽琪, 李宁, 王磊, 等, 2019. 基于利益相关者视角的农业企业社会责任与财务绩效关系研究 [J]. 企业改革与管理（20）: 171+176.

迟文娜, 2019. 企业承担社会责任对财务绩效的影响分析 [J]. 中小企业管理与科技（下旬刊）（11）: 51-52.

迟文娜, 2019. 企业社会责任与财务绩效关系相关研究假设的提出 [J]. 商讯（32）: 15-16.

储成兵, 孙刚强, 2019. 财务风险、社会责任与企业财务绩效 [J]. 铜陵学院学报, 18（2）: 44-48, 82.

楚媛媛, 2019. 基于声誉理论的P2P行业创新行为研究 [D]. 开封: 河南大学.

崔晓璇, 2017. 上市电力企业社会责任履行与财务风险相关性研究 [D]. 北京: 华北电力大学.

单蒙蒙, 林玉婷, 程芳利, 2019. 企业社会责任与财务绩效的非线性关系研究 [J]. 会计之友（11）: 45-51.

党生翠, 2020. 网络舆情利益相关者研究述评 [J]. 情报杂志, 39（01）: 115-120.

邓敏, 2018. 企业社会责任与财务绩效的交互关系研究 [D]. 青岛: 青岛大学.

邓腾仁, 2018. 基于风险导向的A企业社会责任内部控制研究 [D]. 衡阳: 南华大学.

丁丽华, 2016. 企业社会责任信息披露影响因素研究——来自社会责任报告的经验证据 [J]. 财会通讯（3）: 59-61.

丁淑芬，2018. 企业社会责任报告披露、会计信息质量与融资约束 [D]. 南昌：江西财经大学.

丁卓君，王海兵，2016. 企业社会责任内部控制信息化探微 [J]. 财会通讯（28）：93-96.

董千里，王东方，于立新，2017. 企业规模、企业社会责任与企业财务绩效关系研究 [J]. 技术经济与管理研究（2）：23-28.

董淑兰，唐田甜，2016. 能源行业企业社会责任对财务风险的影响研究 [J]. 经济论坛（10）：80-84.

董晓睿，2020. 多元化战略下房地产企业财务风险分析 [J]. 中国经贸导刊（中）（2）：112-113，130.

杜娟娟，2018. 企业履行社会责任与企业经营绩效关系的实证研究 [D]. 西安：西安理工大学.

段毅，2019. 商贸类高职院校商业伦理教育效果评价研究 [J]. 营销界（34）：252-253.

段云龙，余义勇，2016. 创新型企业持续创新过程战略风险决策模型研究 [J]. 南大商学评论，13（1）：20-40.

方烨，黄莲琴，2018. 产权性质、企业社会责任投资与财务价值——基于高新技术上市公司的经验证据 [J]. 福州大学学报（哲学社会科学版），32（01）：41-49.

封之远，王旭程，陈美兰，等，2019. 企业社会责任与公司风险的实证分析 [J]. 宁波大学学报（理工版），32（6）：98-102.

冯蕾，2017. 企业社会责任视角下的公司治理评价研究 [D]. 西安：陕西师范大学.

冯丽艳，肖翔，程小可，2016. 社会责任对企业风险的影响效应——基于我国经济环境的分析 [J]. 南开管理评论，19（6）：141-154.

冯丽艳，肖翔，张靖，2016. 企业社会责任影响债务违约风险的内在机制——基于经营能力和经营风险的中介传导效应分析 [J]. 华东经济管理，30（4）：140-148.

冯丽艳，肖翔，赵天骄，2016. 经济绩效对企业社会责任信息披露的影响 [J]. 管理学报，13（7）：1060-1069.

冯丽艳，肖翔，赵天骄，2016. 企业社会责任与债务违约风险——基于ISO26000社会责任指南的原则和实践的分析 [J]. 财经理论与实践，37（4）：56-64.

冯丽艳，2017. 社会责任表现对权益资本成本的影响机制研究 [D]. 北京：北京交通大学.

冯钰宸，董雪，2016. 保险企业社会责任：评价体系及对财务绩效的影响——基于利益相关

者的视角 [J]. 上海保险（9）：60-64.

凤亚红，郭裕莉，2019. 煤炭企业社会责任与财务绩效关系研究 [J]. 煤炭工程，51（4）：147-151.

付鸿彦，王贵贵，2018. 战略型企业社会责任与财务绩效关系的实证研究——主要利益相关者满意度的中介作用探讨 [J]. 企业改革与管理（13）：99-100.

傅瑜，陈煦江，2016. 企业社会责任信息披露可能产生的经济后果研究进展概述 [J]. 绿色财会（1）：43-45.

高华峰，吕宗耀，2020. 旅游景区利益相关者优先度计量分析 [J]. 中南民族大学学报（人文社会科学版），40（1）：148-154.

耿帮才，刘英为，2017. 中国企业伦理决策理论与实践机制探讨 [J]. 现代商贸工业（13）：104-106.

顾甜甜，2016. 企业社会责任与财务绩效关系研究 [J]. 武汉商学院学报，29（6）：60-62.

管威，李明，张娇梅，2018. 企业社会责任风险的影响因素研究 [J]. 财会通讯（18）：66-71.

管馨华，2018. 企业社会责任信息披露与财务绩效关系分析 [J]. 中国市场（35）：90-91.

郭冰妍，2019. 基于声誉理论的股票更名与股票市值的实证研究 [D]. 杭州：浙江大学.

郭洪涛，2019. 我国企业社会责任战略管理的风险研究——基于战略性企业社会责任演变历程的分析 [J]. 技术经济与管理研究（4）：79-83.

郭会斌，李魁，陈芳丽，2016. 传统商业伦理在服务型企业的嵌入——基于六家"中华老字号"的扎根研究 [J]. 管理案例研究与评论，9（3）：199-211.

郭会玲，2019. 信息披露对企业风险的影响——以 KH 药业为例 [J]. 现代营销（经营版）（8）：139.

郭继敏，2019. 创新型企业持续创新过程战略风险识别研究 [D]. 昆明：云南财经大学.

郭家锐，2019. 基于风险管控的企业财务战略思考 [J]. 中国商论（24）：124-125.

郭梦娟，2019. 企业社会责任与破产风险关系的研究 [J]. 商场现代化（20）：127-128.

郭蓉，文巧甜，2019. 双重业绩反馈、内外部治理机制与战略风险承担 [J]. 经济管理，41（8）：91-112.

郭裕莉，2019. 煤炭企业社会责任与财务绩效关系研究 [D]. 西安：西安科技大学.

韩建平，2016. 中国企业国际化的商业伦理建设研究 [D]. 广州：广东外语外贸大学．

韩建伟，2016. 低碳经济背景下企业社会责任对财务绩效的影响研究 [D]. 天津：天津科技大学．

韩林涛，2019. 语言产业视阈下翻译技术商业伦理的基本原则 [J]. 上海翻译（5）：52-57.

韩鹏，2016. 企业社会责任信息披露对股权融资成本影响的研究 [D]. 南京：南京农业大学．

韩翔飞，2016. 企业社会责任与财务绩效关系研究 [D]. 昆明：云南财经大学．

郝慧俊，2018. 市场竞争、社会责任与企业财务绩效的关系研究 [D]. 太原：山西财经大学．

何景涛，2018. 自然决策理论视角下的企业伦理决策 [J]. 实验室研究与探索，37（12）：270-273.

何纾敏，2015. 企业社会责任、产权性质与公司风险 [D]. 南宁：广西大学．

贺妮馨，2018. 企业社会责任风险控制实施路径探析（二）[N]. 财会信报，03-26（B05）．

侯力纲，沈嘉诚，潘俊，2019. 战略风险导向下企业内部控制体系优化研究——以 Z 工程咨询公司为例 [J]. 财会通讯（29）：109-113.

黄惠盈，2017. 企业社会责任对财务绩效影响文献综述 [J]. 市场周刊（理论研究）（2）：29-31.

黄明，2019. 关于管理层财务舞弊的商业伦理探讨——以辉山乳业为例 [J]. 金融经济（14）：133-134.

黄平，吴同童，2017. 企业社会责任与财务绩效关系的相关性分析——以批发及零售类上市公司为例 [J]. 现代经济信息（18）：148-149.

黄怡琳，2015. 企业社会责任对财务绩效的影响研究 [D]. 南昌：华东交通大学．

吉利，2016. 企业社会责任信息披露印象管理研究框架：动机、策略和经济后果 [J]. 郑州航空工业管理学院学报，34（2）：76-84.

蹇思慧，2015. 企业社会责任报告与权益资本成本的研究 [D]. 福州：福州大学．

蒋迎辉，2019. 委托代理理论框架下的销售薪酬激励探析 [J]. 知识经济（36）：57-58.

解琳那，2018. 现代中国社会责任伦理构建研究 [D]. 西安：陕西师范大学．

孔龙，马媛，2016. 企业社会责任信息披露动因及质量影响因素研究 [J]. 唐山学院学报，29(5)：105-108.

孔龙，宋天邦，2016. 经济新常态下我国企业社会责任战略管理框架的构建 [J]. 北京交通大学学报（社会科学版），15（3）：59-66.

李建林，2017. 不同企业性质下企业社会责任对财务绩效影响关系分析 [J]. 商业经济研究（9）：

114-116.

李金芳, 2018. 企业社会责任对财务绩效的影响研究 [J]. 山西农经（10）：97-98.

李明, 管威, 2020. 企业社会责任风险治理机制研究 [J]. 产业与科技论坛, 19（2）：208-210.

李娜, 2019. 委托代理理论在公司治理问题中的应用与扩展 [J]. 中国管理信息化, 22（15）：83-84.

李乾杰, 侯玉曦, 2017. 企业社会责任对企业绩效的影响研究 [J]. 北京经济管理职业学院学报, 32（3）：23-27，44.

李瑞玉, 2017. 我国企业商业伦理的思考 [J]. 全国流通经济（19）：8-9.

李涛, 朱顺和, 许文彬, 2017. 企业社会责任与风险承担：基于政府监管的视角 [J]. 企业经济, 36（3）：124-129.

李文昌, 杨沈炜, 2018. 内部控制与企业社会责任关系研究——基于财务绩效的中介效应 [J]. 财会通讯（36）：99-103.

李稳稳, 2019. 基于制度环境与内部控制研究社会责任对财务绩效的影响 [J]. 广西质量监督导报（10）：172.

李晓婷, 2017. 企业社会责任与财务绩效关系研究——基于山西省煤炭企业数据 [J]. 时代金融（20）：224+232.

李晓霞, 2017. 企业战略风险及其防范对策 [J]. 商场现代化（13）：100-101.

李韵婷, 2016. 农业企业社会责任与企业成长关系研究 [D]. 广州：华南农业大学.

李哲非, 2019. 关键利益相关者组合视角下企业社会责任投资策略的研究 [D]. 长春：吉林大学.

廉春慧, 2016. 企业社会责任信息、企业声誉与利益相关者行为意向研究 [D]. 南京：南京大学.

梁莹, 2015. 企业社会责任信息披露对股权融资成本的影响研究 [D]. 广州：暨南大学.

林靖杰, 2017. 企业社会责任与财务绩效关系实证研究 [J]. 韶关学院学报, 38（6）：104-108.

林小瑞, 2018. 企业战略风险影响因素与合理应对探索 [J]. 现代营销（下旬刊）（5）：17.

林欣蓉, 2018. 企业社会责任影响财务绩效的实证研究 [D]. 济南：山东建筑大学.

刘炳瑞, 2019. 企业社会责任、融资成本与财务绩效间关系研究 [D]. 兰州：兰州财经大学.

刘传俊, 杨希, 2016. 企业社会责任对风险承担能力影响的研究——基于利益相关者理论 [J]. 当代经济（22）：126-128.

刘聪，2019. 企业组织经营风险的社会化分担制度探析 [J]. 中国商论（3）：191-192.

刘非非，2015. 基于财务视角的企业社会责任缺失经济后果研究 [D]. 大连：东北财经大学.

刘家辉，2010. 战略制定和实施过程的企业战略风险探讨 [J]. 现代国企研究（8）：49-50.

刘鹏，2020. 基于多案例的跨界并购、社会责任和企业绩效研究 [J]. 现代商贸工业，41（4）：99-101.

刘勤华，刘晓冰，王钊，2019. 利益相关者视角下企业社会责任与战略机会的博弈模型研究 [J]. 科技与管理，21（4）：55-62.

刘晓婧，2015. 企业社会责任信息披露对权益资本成本的影响研究 [D]. 北京：北京理工大学.

刘雪雁，2016. 企业社会责任与财务绩效关系研究——以造纸类企业为例 [J]. 武汉商学院学报，30（1）：77-79.

刘永祥，李阳，2018. 企业社会责任信息披露水平及其影响因素研究——基于我国有色金属行业上市公司的经验证据 [J]. 经济研究参考（26）：73-80.

刘振杰，李颖达，李维安，2019. 董事长贫困经历与企业战略风险承担 [J]. 华东经济管理，33（11）：142-152.

鲁江婷，2018. 企业社会责任信息披露对审计收费的影响研究 [D]. 杭州：浙江工商大学.

陆静，徐传，2019. 企业社会责任对风险承担和价值的影响 [J]. 重庆大学学报（社会科学版），25（1）：75-95.

陆宇建，陈思宇，2017. 企业社会责任信息披露与权益资本成本 [J]. 财务与金融（1）：48-55.

马宏朝，2018. 我国互联网企业社会责任与财务绩效关系研究 [D]. 邯郸：河北工程大学.

马荟，2016. 我国房地产行业企业社会责任与财务绩效双向互动关系的实证研究 [J]. 全国商情（30）：48-49.

马慧玲，2019. 媒体关注、社会责任会计信息披露水平和经济后果研究 [D]. 保定：河北大学.

马颖，2019. 战略风险管理研究文献综述 [J]. 广西质量监督导报（3）：170.

米英杰，2018. 企业社会责任、产品市场竞争与特质性风险 [D]. 重庆：重庆工商大学.

苗芊芊，李璐，胡昱麟，2018. 企业社会责任与债务违约风险研究 [J]. 中国商论（4）：90-93.

聂欣，2019. 企业社会责任信息披露动因及质量影响因素研究 [J]. 现代经济信息（11）：80-81.

欧理平，谢利，刘文璐，2019. 技术创新与企业社会责任交互影响研究——基于利益相关者

视角 [J]. 财会通讯（26）：33-36.

彭静，2018. 企业社会责任信息披露对审计收费的影响研究 [D]. 北京：北京交通大学.

钱瑾，2017. 企业社会责任、公司治理与管理层风险承担 [D]. 扬州：扬州大学.

钱爽，2017. 企业社会责任、创新投入与企业财务绩效关系研究 [D]. 合肥：中国科学技术大学.

强雪伟，2018. 企业社会责任与财务绩效关系的实证研究 [D]. 西安：陕西师范大学.

乔蓓，卫刚，2017. 企业社会责任与财务绩效关系研究的讨论 [J]. 现代商业（1）：225-227.

裘杰，2019. 企业社会责任与企业财务绩效的关系研究 [J]. 产业与科技论坛，18（2）：103-104.

裘夏梅，2016. 我国制药上市企业社会责任信息披露影响因素研究 [D]. 镇江：江苏科技大学.

瞿继伟，2019. 企业社会责任信息披露、高管持股与股价崩盘风险 [D]. 郑州：河南财经政法大学.

权小锋，肖红军，2016. 社会责任披露对股价崩盘风险的影响研究：基于会计稳健性的中介机理 [J]. 中国软科学（6）：80-97.

芮雪晨，2019. 财务视角下的雨润集团多元化战略风险研究 [D]. 马鞍山：安徽工业大学.

邵宛云，2019. 卢梭社会契约论产生的时代背景及其理论渊源研究 [J]. 营销界（28）：146，148.

施国强，王娜，吴蓉娟，等，2019. 商业伦理教育运用于高校课程思政工作的实践研究 [J]. 高教学刊（2）：176-178.

史艳萍，熊琼瑜，2020. 基于诠释主义的企业社会责任感知分析 [J]. 攀枝花学院学报，37（1）：43-49.

宋天霞，2018. 企业规模、社会责任与绩效的关系研究 [D]. 厦门：集美大学.

宋晓丽，2019. 我国传媒企业社会责任会计信息披露水平研究 [D]. 北京：北京印刷学院.

宋一凡，2017. 企业社会责任信息披露质量与权益资本成本关系研究 [D]. 北京：北方工业大学.

孙梦雨，2018. 媒体关注下企业社会责任信息披露的效应研究 [D]. 北京：首都经济贸易大学.

孙逸文，2019. 基于委托代理理论下的股权激励与企业绩效的实证研究——股权集中度的中介作用 [J]. 呼伦贝尔学院学报，27（4）：42-46.

谈仁娟，2018. 履行企业社会责任对财务绩效的作用机理研究 [D]. 西安：西安工业大学.

谈仁娟，2017. 企业社会责任与财务绩效关系研究 [J]. 现代营销（下旬刊）（5）：23.

汤金芸，2019.企业社会责任视角下的公司治理探析[J].民商法争鸣（1）：188-198.

汤宇，2018.上市公司社会责任对权益资本成本的影响研究[J].现代经济信息（24）：246.

汤宇，2019.社会责任表现、经营风险与权益资本成本关系的实证研究[D].沈阳：沈阳工业大学.

唐煜，聂元昆，2019.委托代理理论在非营利组织中的应用综述[J].江苏商论（9）：117-119.

田利辉，王可第，2017.社会责任信息披露的"掩饰效应"和上市公司崩盘风险——来自中国股票市场的DID-PSM分析[J].管理世界（11）：146-157.

田雪力，2017.社会责任信息披露水平与资本成本关系实证研究[D].北京：北京邮电大学.

王博，金鑫，2018.声誉理论下的投资人决策——以股权众筹平台为例[J].产业经济评论（山东大学），17（4）：117-132.

王丹丹，夏子叶，2019.造纸企业社会责任与财务绩效关系实证研究[J].中国林业经济（5）：6-9.

王刚，2019.我国商业伦理的现状研究[J].淮海工学院学报（人文社会科学版），17（7）：102-104.

王建玲，李玥婷，吴璇，2019.企业社会责任与风险承担：基于资源依赖理论视角[J].预测，38（3）：45-51.

王景，2017.我国危化品企业社会责任的伦理研究[D].株洲：湖南工业大学.

王靖，2020.企业社会责任会计信息披露问题研究[J].纳税，14（1）：89，92.

王秋霞，2019.企业责任及企业社会责任概念再辨析——基于组织社会学的新制度主义理论[J].财会月刊（13）：152-157.

王瑞兵，2020.财务风险防范视角下企业战略预算管理的优化[J].中外企企业家（6）：35-36.

王树玲，2016.上市企业社会责任与财务绩效互动关系研究[D].天津：天津财经大学.

王谈，2018.关于国有企业履行社会责任的几点思考[J].江苏政协（7）：52-53.

王伟杰，2017.媒体关注度、企业社会责任信息披露水平与股权融资成本[D].杭州：浙江工商大学.

王晓飞，2018.国有上市企业社会责任与财务绩效关系研究[D].杭州：杭州电子科技大学.

王永德，吴疆，2017.企业社会责任信息披露文献综述[J].中国农业会计（10）：4-5.

王站杰，买生，李万明，2017. 企业社会责任对战略风险的影响——伦理决策的调节作用 [J]. 大连理工大学学报（社会科学版），38（4）：26-32.

王站杰，2018. 企业社会责任对战略风险影响的实证研究 [D]. 石河子：石河子大学.

王灼，2019. 企业社会责任、分析师跟踪与股价崩盘风险 [D]. 武汉：华中师范大学.

危鹏华，2018. 保险企业社会责任表现对企业财务绩效及稳定性影响研究 [D]. 成都：电子科技大学.

魏丽玲，陆旸，2016. 企业社会责任与财务绩效关系研究——以食品饮料制造业为例 [J]. 东南大学学报（哲学社会科学版），18（S2）：26-29.

闻雯，2020. 构建我国上市公司环境信息强制披露制度势在必行——基于企业社会责任法律化视角 [J]. 长春大学学报，30（1）：97-101.

吴雅岚，2017. 保险企业社会责任对企业绩效的影响研究 [D]. 长沙：湖南大学.

吴增定，2018. 利益权衡还是道德意志？——从黑格尔的角度反思近代社会契约理论 [J]. 云南大学学报（社会科学版），17（5）：5-11.

吴忠，王晓洒，2019. 央地政府间精准扶贫的委托代理关系研究 [J]. 中南林业科技大学学报（社会科学版），13（6）：67-73.

武利珍，张晋光，2019. 试论晋商商业伦理对城市文明建设的作用 [J]. 山西财政税务专科学校学报，21（3）：45-48.

武美仙，2019. 基于利益相关者理论的网约车商业伦理问题及对策研究 [D]. 太原：太原理工大学.

西云欣，2019. 会计稳健性与企业社会责任信息披露关系研究 [D]. 济南：山东大学.

肖程文，2019. A 公司战略风险管理架构优化研究 [D]. 株洲：湖南工业大学.

肖婧，毛淑佳，王小君，2019. 试论集团公司内部审计风险战略管理模式的构建 [J]. 现代企业（12）：133-134.

肖铭玥，2018. 企业社会责任信息披露的动机、行为和经济后果综述 [J]. 现代经济信息（12）：168-169.

谢婧，赵天颖，2018. 企业战略风险的类型、成因与对策分析 [J]. 农家参谋（24）：250.

辛聪，2019. 基于平衡计分卡的小米公司战略风险管理研究 [D]. 石家庄：河北师范大学.

徐濛，2015.企业组织经营风险的社会化分担制度探析 [J].商场现代化（29）：65-66.

徐亚文，李林芳，2020.简析企业社会责任的人权维度与路径建构 [J].上海对外经贸大学学报，27（1）：90-100.

徐艳琦，2016.企业社会责任信息披露与权益资本成本的相关性研究 [D].长春：东北师范大学.

徐一琳，2016.企业社会责任信息披露对权益资本成本的影响 [D].锦州：渤海大学.

徐颖，2019.道德认同路径下商业伦理课程对企业管理人员道德表现提升作用的研究 [D].上海：上海外国语大学.

闫明，2020.企业社会责任信息披露的现状及对策分析 [J].现代商贸工业，41（5）：121.

颜爱民，龚紫，谢菊兰，2020.外部企业社会责任对员工创新行为的影响机制研究 [J].中南大学学报（社会科学版），26（1）：107-116.

颜转运，戴蓓蓓，2019.社会责任信息披露与权益资本成本——基于分析师预测的中介效应检验 [J].商业会计（15）：31-34.

阳静，张彦，2016.利益相关者视角下创业企业社会责任与企业投资价值相关性研究——基于我国创业板上市公司年报数据 [J].太原城市职业技术学院学报（7）：150-153.

杨朝晖，2018.企业组织经营风险的社会化分担制度探析 [J].中国商论（23）：105-106.

杨德桥，2018.专利权社会契约理论及其对专利充分公开制度的证成 [J].北京化工大学学报（社会科学版）（2）：42-50.

杨海治，2019.企业所有权性质、财务绩效和企业社会责任关系研究 [J].全国流通经济（18）：65-66.

杨丽清，2019.风险信息披露对权益资本成本的影响研究 [D].湘潭：湘潭大学.

杨莉，2019.高管政治背景视角下的企业社会责任对财务绩效影响研究 [D].西安：西安工程大学.

杨柳，2019.企业战略管理的理论演变与战略风险探析 [J].中国管理信息化，22（15）：81-83.

杨佩佩，2018.会计稳健性、企业社会责任信息披露与股价崩盘风险 [D].北京：北京交通大学.

杨琦峰，程园园，宋平，2020.考虑声誉的农产品质押融资中双重委托代理激励机制探析 [J].财会月刊（2）：126-130.

杨希，2016.企业社会责任对风险承担能力影响的研究 [D].太原：太原科技大学.

叶陈云，叶陈毅，姜玲玲，2019.企业社会责任信息披露因素、质量及效果研究综述：一个理论分析框架[J].商业会计（15）：68-71.

叶潇楚,2019.委托代理视角下的企业预算管理责任层级体系的建构[J].全国流通经济（26）：38-40.

殷格非，2017.企业社会责任管理（一）：概念、特征[J].WTO经济导刊（3）：48-53.

殷红，2016.产权性质、公司特征与企业社会责任信息披露——基于制度同构理论的视角[J].财会月刊（11）：28-33.

余方平，刘龙方，孟斌，石宝峰，2020.基于集对分析的交通运输行业企业社会责任组合评价研究[J].管理评论，32（1）：219-234.

喻兴佳，2019.企业社会责任履行对经营绩效影响的实证研究——以上海福喜公司为例[J].中国物流与采购（5）：55.

袁德利，陈小林，2018.企业跨境上市、战略风险治理与竞争优势[J].管理评论，30（6）：184-195.

袁晓莉，2018.企业内部控制、社会责任与财务绩效[J].时代金融（27）：106.

袁圆，2019.社会责任、风险承担与企业绩效[D].重庆：重庆工商大学.

张宸，高芸芸，2017.股权性质、会计稳健性与企业社会责任信息披露[J].会计之友（21）：55-59.

张宸玮，2015.企业社会责任对财务风险的影响研究[D].南昌：华东交通大学.

张鹤鸣，2018.企业组织经营风险的社会化分担制度探析[J].中国商论（1）：152-153.

张宏,范祎丽,叶敏,2019.企业社会责任对财务绩效的影响研究——基于内部控制的作用[J].生产力研究（10）：137-141，161.

张健，2015.企业社会责任信息披露的经济后果研究——从影响审计收费的视角[J].山东财经大学学报，27（6）：96-106.

张娇梅，2017.企业社会责任对财务绩效的影响研究[D].乌鲁木齐：新疆财经大学.

张津琛，2019.商业伦理与企业发展——以海尔集团为例[J].中国市场（23）：95-96.

张靖，肖翔，李晓月，2018.环境不确定性、企业社会责任与债务违约风险——基于中国A股上市公司的经验研究[J].经济经纬，35（5）：136-142

张坤，2019. 企业战略风险的识别、评估与应对策略[J]. 企业改革与管理（15）：36，41.

张莉，2020. 中国互联网企业日益重视社会责任监督机制仍需不断健全[J]. 中国对外贸易（2）：50-51.

张梦阳，2018.CM 企业社会责任信息披露对权益资本成本的影响[D]. 西安：西安工业大学.

张婷婷，张新民，2017. 战略结构、战略执行与企业风险——基于财务报表的企业风险分析[J]. 当代财经（5）：126-133.

张新启，2017. 基于故障树法的创新型企业持续创新过程战略风险识别研究[J]. 经贸实践（6）：25-26.

张新启，2019. 企业持续创新过程战略风险决策研究[D]. 昆明：云南财经大学.

张桠楠，2018. 企业社会责任与财务绩效关系研究[J]. 中国集体经济（5）：34-35.

张艳琴，2019. 浅析企业社会责任与商业伦理的重建[J]. 市场论坛（9）：48-50.

张轶，钟华，2020. 企业社会责任与企业绩效的相关性分析[J]. 现代商贸工业，41（3）：52-53.

张映芹，闫莹莹，2019. 企业社会责任与财务绩效关系研究综述：基于利益相关者视角[J]. 纳税，13（3）：79-80，85.

张永洁，2018. 企业社会责任信息披露文献综述：理论基础及影响因素[J]. 齐鲁珠坛（3）：11-13.

张云华，2019. 基于利益相关者视角的企业社会责任评价研究[J]. 商业经济（11）：130-132.

张云华，2017. 基于利益相关者视角下的企业社会责任研究[J]. 经济师（5）：260-261.

张正勇，陈虹，2017. 社会责任信息披露与权益资本成本：财务透明度与治理环境的调节作用[J]. 南京财经大学学报（1）：60-71.

赵斌，2019. 影响国有企业财务战略风险的因素分析[J]. 财会学习（36）：73-74.

赵敏如，2019. 基于利益相关者理论的企业社会责任与财务绩效关系研究[J]. 江苏经贸职业技术学院学报（6）：16-20.

郑莉，2018. 企业社会责任与财务绩效的关系研究[D]. 西安：西安工业大学.

郑淑芳，2018. 企业履行社会责任对经营绩效的影响研究[D]. 重庆：重庆大学.

周虹，2019. 战略性企业社会责任对财务绩效的影响研究[D]. 太原：山西财经大学.

周丽萍，陈燕，金玉健，2016. 企业社会责任与财务绩效关系的实证研究——基于企业声誉

视角的分析解释 [J]. 江苏社会科学（3）：95-102.

周司晨，2018. 企业社会责任、内部控制对财务绩效的交互影响 [D]. 锦州：渤海大学.

周曦曦，2019. 从委托代理视角看习近平总书记国有企业治理重要论述的理论逻辑 [J]. 新经济（12）：108-111.

朱丹，2019. 对声誉理论的逻辑梳理 [J]. 中外企业家（30）：221-222.

朱往立，2015. 基于战略管理方法的我国企业社会责任管理体系构建研究 [D]. 呼和浩特：内蒙古财经大学.

朱永明，赵少霞，2017. 企业社会责任对经营风险与财务绩效关系的影响——基于中国上市公司的经验证据 [J]. 会计之友（12）：64-69.

邹汝嫦，2017. 企业社会责任披露对政府补贴的影响研究 [D]. 长沙：湖南大学.

ABBOTT W F, MONSEN R J, 1979. On the measurement of corporate social responsibility: self-reported disclosures as a method of measuring corporate social involvement [J].Academy of management journal, 22（3）：501-515.

ALEXANDER G, BUCHHOLZ R, 1978.Corporate social responsibility and stock market performance [J]. Academy of Management Journal（21）：479-486.

ANDERSON C.BERDAHL J L, 2002. The Experience of Power: Examining the Effects of Power on Approach and Inhibition Tendencies [J]. Journal of Personality and Social Psychology（6）：1362-1377.

ARLOW P, GANNON MJ, 1982.Social responsiveness, corporate structure and economic performance[J]. Academy of Management Review, 7（2）：235-241.

ASHBAUGH H, COLLINS D W, LAFOND R, 2006.The effects of corporate governance on firms credit ratings[J]. Journal of Accounting and Economics（42）：203-221.

AUPPERLE K E, CARROLL A B, HATFIELD J D, 1985. An empirical examination of the relationship between corporate social responsibility and profitability [J]. Academy of management Journal, 28（2）：446-463.

AUPPERLE K, CARROLL A, HATFIELD J, 1985.An Empirical Examination of the Relationship between Corporate Social Responsibility and Profitability [J]. Academy of

Management Journal (28): 446-463.

BARDOS K S, ERTUGRUL M, GAO L S, 2020. Corporate social responsibility, product market perception, and firm value[J]. Journal of Corporate Finance.

BARON R M, KENNY D A, 1986. The Moderator-Mediator Variable Distinction in Social Psychological Research: Conceptual, Strategic and Statistical Considerations [J]. Journal of Personality and Social Psychology, 51 (6): 1173-1182.

BEAVER W H, 1966.Financial Rations as Predictors of Failures in Empirical Research in Accounting[J]. Supplement to the Journal of Accounting Research (1): 179-199.

BEAVER W H, 1966. Financial ratio as Predictors of failure [J]. Empirical Research in Accounting, 4: 71-111.

BENITEZ J, RUIZ L, CASTILLO A, et al, 2020. How corporate social responsibility activities influence employer reputation: The role of social media capability[J].Decision Support Systems, 129.

BERETE M, 2011. Relationship Between Corporate Social Responsibility and Financial Performance in the Pharmaceutical Industry[J]. Dissertations & Theses - Gradworks (3): 21-24.

BERLE A, 1962. Modern Function of the Corporate System [J].Columbia Law Review, 62 (3): 433-449.

BERLE A,1931.Corporate Powers as Powers in Trust [J].Columbia Law Review,44(7):1-49-1047.

BERMAN S L, WICKS A C, KOTHA S, et al, 1999. Does stakeholder orientation matter? The relationship between stakeholder management models and firm financial performance [J]. Academy of Management journal, 42 (5): 488-506.

BOCQUET R, BAS C L, MOTHE C, et al, 2015.Innovation and Firm Performance in Sluggish Growth Contexts: A Firm-Level Empirical Analysis [J]. Journal of Business Ethics: 1-14.

BOUBAKER S, CHEBBI K, GRIRA J, 2019. Top management insider debt and corporate social responsibility? Evidence from the US [J]. Quarterly Review of Economics and Finance.

BOWEN H R, 1953.Social Responsibilities of the Businessman [M].New York: Harper: 31.

CARROLL A B, BOCHOLT A, 2000. Business and Society: Ethics and Stakeholder

Management, 4thed. Cincinnati[M].Ohio：South-Western Publishing Co.：201.

CARROLL A B, 1999.Corporate Social Responsibility Evolution of a Definational construct [J]. Business & Society, 38（3）：268-295.

CARROLL A B, 1996.Business and Society—Ethics and Stakeholder Management [M]. Cincinnati：South-western College Publishing.

CARROLL A B, 1983.Corporate social responsibility：Will industry respond to cutbacks in social program funding[J]. Vital Speeches of the day, 49：604-608.

CARROLL A B, 1979.Three-Dimensional conceptual model of corporate performance [J].The Academy of Management Review, 4（4）：497-505.

CHARLES E, HARRIS JR, 2005.EngineeringEthics：ConceptsandCases[M].Wadsworth/ ThomsonLearning.

CLARKSON M E, 1995. A stakeholder framework for analyzing and evaluating corporate social performance [J]. Academy of management review, 20（1）：92-117.

COMMITTEE FOR ECONOMIC DEVELOPMENT, 1971. Social responsibilities of business corporations [M].New York：Author：30-35

CONTINI M, ANNUNZIATA E, RIZZI F, et al, 2020. Exploring the influence of Corporate Social Responsibility（CSR）domains on consumers' loyalty：An experiment in BRICS countries [J]. Journal of Cleaner Production, 247.

CORNELL B, SHAPIRO A C, 1987. Corporate stakeholders and corporate finance [J].Financial management：5-14.

CORNELL, B, SHAPIRO A, 1987. Corporate Stakeholders and Corporate Finance [J]. Financial Management Spring.

CRANE A, MCWILLIAMS A, MATTEN D, et al, 2009. The Oxford Handbook of Corporate Social Responsibility[J]. OUP Catalogue, 640（1）：579-587.

DAVIS K, BLOMSTROM R X, 1966. Business and its environment [M].New York：McGraw-HillBook Company.

DAVIS K, 1960. Can business afford to ignore social responsibilities? [J].California Management

Review (2): 70-76

DENG X, KANG J, KLOW B S, 2013. Corporate Social Responsibility and Stakeholder Value Maximization: Evidence from Mergers[J]. Journal of Financial Economics, 110 (1): 87-109.

DU S, BHATTACHARYA C B, SEN S, 2007.Reaping relational rewards from corporate social responsibility: The role of competitive positioning[J].International Journal of Research in Marketing (24): 224-241.

DVAIS K, 1967. Understanding the social responsibility puzzle: What does the businessman owe to society [J]. Business Horizons (10): 45-50.

ECONOMICS-ECONOMIC SYSTEMS, 2020.New Economic Systems Data Have Been Reported by Researchers at Southeast University (Corporate Social Responsibility Strategy, Environment and Energy Policy) [J]. Energy Weekly News.

EPSTEIN E M, 1987. The corporate social policy process beyond business ethics, corporate social responsibility and corporate social responsiveness [J]. California Management Review, 29 (3): 99-114.

ERHEMJAMTS, LI, VENKATESWARAN, 2013. Corporate social responsibility and its impact on firms investment policy, organizational structure, and performance [J]. Journal of Business Ethics, 118 (2): 395-412.

ERIANDANI R, 2020. The Economic Impact of Corporate Social Responsibility [P]. Proceedings of the 17th International Symposium on Management (INSYMA 2020).

FERDERICK, WILLIMA C, 1960.The growing concern over business responsibility [J]. California Management Review, 2: 54-61.

FREEDMAN B, 1995. Environmental ecology: the ecological effects of pollution, disturbance, and other stresses [M]. Academic Press.

GLAVAS A B, FITZGERALD E, 2020. The process of voluntary radical change for corporate social responsibility: The case of the dairy industry [J]. Journal of Business Research: 110.

GODFREY R C, 2005. The Relationship between Corporate Philanthropy and Shareholder Wealth: A Risk Management Perspective [J]. The Academy of Management Review: 777-98.

GODFREY P C, MERRILL C B, HANSEN J M, 2009. The Relationship between Corporate Social Responsibility and Shareholder Value: An Empirical Test of the Risk Management Hypothesis[J].Strategic Management Journal（30）: 425-445.

GRIFFIN J J, MAHON J F, 1997. The corporate social performance and corporate financial performance debate twenty-five years of incomparable research. Business & Society, 36(1), 5-31.

HANSEN S D, DUNFORD B B, BOSS A D, et al, 2011. Corporate Social Responsibility and the Benefits of Employee Trust: A Cross-Disciplinary Perspective[J].Journal of Business Ethics: 1-17.

HILL C W L, JONES T M, 1992. Stakeholder-Agency Theory [J].Journal of Management Studies, 29（2）: 131-154.

HOSSEINI-MOTLAGH S M, EBRAHIMI S, ZIRAKPOURDEHKORDI R, 2020. Coordination of dual-function acquisition price and corporate social responsibility in a sustainable closed-loop supply chain [J]. Journal of Cleaner Production, 251.

JEROME P L, 1999. A Review of "Risk Assessment and Decision Making in Business and Industry: A Practical Guide" [M]. Florida: Glenn Roller CRC Press.

KIM, 2014. Corporate social responsibility and stock price crash risk[J]. Journal of Banking &Finance（43）: 1-13.

KURNIATI P S, SURYANTO, 2020. Corporate Social Responsibility Analysis as an Alternative Source of Regional Development Financing [P].Proceedings of the International Conference on Business, Economic, Social Science, and Humanities-Humanities and Social Sciences Track（ICOBEST-HSS 2019）.

LEE S, KIM B, HAM S, 2019. Strategic CSR for airlines: does materiality matter? [J]. Corporate Communications: An International Journal,（24）: 1, 21-43.

MCGUIRE J B, SUNDGREN A, SCHNEEWEIS T, 1988. Corporate social responsibility and firm financial performance [J]. Academy of management Journal, 31（4）: 854-872.

MITCHELL A, WOOD D, 1997. Toward a theory of stakeholder identification and salience: Defining the Principle of who and what really counts [J]. Academy of Management Review（22）:

853-886

MITCHELL R K, AGLE B, 1997. Toward a Theory of Stakeholder Identification and Salience: Defining the Principle of Who and What Really Counts [J]. The Academy of Management Review, 22 (4): 853–886.

NGUYEN P, KECSKÉS A, MANSI S, 2020. Does corporate social responsibility create shareholder value? The importance of long-term investors [J]. Journal of Banking and Finance: 112.

NORTH D C, 1990. Institutions, Institutional Change and Economic Performance [M]. Cambridge: Cambridge University Press.

NUTT D J, COWEN P J, LITTLE H J, 1982. Unusual interactions of benzodiazepine receptor antagonists[J]. Nature, 295 (5848): 436-438.

OHLSON. J A, 1980. Financial Rations and the Probabilistic Prediction of Bankruptcy [J].Journal of Accounting Research, 12 (1): 109-131.

ROBERT P W, DOWLING G R, 2002. Corporate Reputation and Sustained Superior Financial Performance [J]. Strategic Management Journal, 23 (12): 1077-1039

ROBERTSON C J, 2008. An analysis of 10 years of business ethics research in Strategic Management Journal: 1996-2005 [J]. Journal of Business Ethics, 8 (4): 745-753.

SAEED G, 2011. Value Creation Model through Corporate Social Responsibility (CSR) [J]. International Journal of Business & Management (9): 148-151.

SALAMA A, ANDERSON K, TOMS J S, 2011. Does community and environmental responsibility affect firm risk? Evidence from UK panel data 1994-2006[J]. Business Ethics: A European Review, 20 (2): 192-204.

SHELDON O, 1924. The Philosophy of Management [M]. London: Sir Isaac Pitman and Sons Ltd: 70-99.

SI T L, VAN H H, 2020. Corporate Social Responsibility in Higher Education: A Study of Some Private Universities in Vietnam [P].Proceedings of the 17th International Symposium on Management (INSYMA 2020).

SIMPSON W G, KOHERS T, 2002. The link between corporate social and financial performance: evidence from the banking industry [J]. Journal of Business Ethics, 35（2）: 97-109.

SWEENEY L, COUGHLIN J, 2008. Do different industries report Corporate Social Responsibility differently? An investigation through the lens of stakeholder theory [J].Journal of Marketing Communications, 14（2）: 113-124.

THAKOR A V, 2004. Capital Requirements, Monetary Policy, and Aggregate Bank Lending: Theory and Empirical Evidence[J]. Journal of Finance, 51（1）: 279-324.

WANG Y G, 2011. Corporate Social Responsibility and Stock Performance—Evidence from Taiwan [J]. Modern Economy, 2（2）: 788-799.

WEBSTER JR, FREDERICK E, 1975.Determining the characteristics of the socially conscious consumer [J]. Journal of Consume Research（12）: 188-96

WHEELER D, SILLANPAA M, 1997. The Stakeholder Corporation: A Blueprint for Maximizing Stakeholder Value [M].London: Pitman Publishing.

WILLIAMSON O E, 1985. The Economic Institute of Capitalism: Firms, Markets and Relational Contracting [M]. New York: Free Press.

XU B, COSTA-CLIMENT R, WANG Y, et al, 2020. Financial support for micro and small enterprises: Economic benefit or social responsibility?[J]. Journal of Business Research: 115.

YANG B, LIN C, REN C, 2020. Internationalization strategy, social responsibility pressure and enterprise value [J]. Soft Computing, 24（4）.

附录　商业伦理下企业社会责任的战略风险研究调查

尊敬的先生/女士：

您好！非常感谢您在百忙之中抽出时间参加本次问卷调查。本问卷主要为"商业伦理下企业社会责任的战略风险研究"所需的基础数据，因此本问卷调查纯属学术研究目的，采取匿名方式进行，所收集的资料只用于所选样本的分析，不用于任何其他用途或对外公开！衷心感谢您的参与和支持，祝您一切顺利！

第一部分：个人基本信息

请您根据自身情况，填写以下信息。

1. 您的性别：□男　　　　□女
2. 您的年龄：□19岁及以下；□20~30岁；□31~45岁；
　　　　　　 □46~55岁；□56岁及以上

3. 您的受教育程度：□初中及以下；□高中或中专；□大专；
　　　　　　　　　 □大学本科；□研究生
4. 您的任职时间：□1年以下；□1~2年；□3~5年；□6~8年；
　　　　　　　　 □9年及以上

5. 您的职位：□一般员工；□基层领导；□中层领导；□高层领导

第二部分：企业基本信息

请您根据企业的基本信息，填写以下信息。

1. 本企业的所有制类型：□国有企业；□民营企业；□三资企业；□其他
2. 本企业的行业类别属性：□制造业；□商贸业；□服务业；□其他
3. 本企业成立的时间：□3年及以下；□4~6年；□7~8年；
   □9年及以上
4. 现有资产规模：□100万元以下（含100万元）；□101万元~500万元；
   □501万元~1000万元；□1000万元以上
5. 本企业的员工人数：□100人以下；□100~500人；□500~1000人；
   □1000人以上
6. 本企业的规模：□大型企业；□中型企业；□小型企业

第三部分：利益相关者与企业社会责任

企业社会责任是指企业在创造利润的同时还应对利益相关者承担的责任，强调要在生产过程中对人的价值的关注，强调对利益相关者的贡献。请您根据对企业实际情况的了解，从下列测量题项中选出最佳选项，在相应的分数上打"√"。

题项编号	利益相关者	测量题项	重要程度（低→高）
1	供应商	本公司与供应商建立良好的合作关系	12345
		本公司避免选择和过于依赖独家供应商	12345
		本公司避免缺乏科学的选择方法	12345
		本公司考量供应商的商品质量及价格、交货时间、服务水平	12345
		本公司评估供应商的生产能力是否能配合公司的成长	12345
		本公司要求供应商遵守商业道德	12345

题项编号	利益相关者	测量题项	重要程度（低→高）
1	供应商	本公司对供应商提供的产品具有稳定的需求	12345
		本公司能够及时向供应商付款	12345
2	员工	本公司为员工提供良好的薪酬体系	12345
		本公司为员工安排相关技能和管理的培训	12345
		本公司为员工建立更好的奖励机制和员工生活保障体系	12345
		本公司不断完善和建立企业核心文化	12345
		本公司可为员工建立一个良好的文化氛围和舒心的工作场所	12345
		本公司为员工提供灵活的工作时间	12345
		本公司为员工制定和提供清晰的发展路径和上升空间	12345
		本公司与员工依法签订劳动合同	12345
		本公司维护员工权益	12345
3	股东	本公司按法律规定向股东披露信息、上报或公布信息的真实	12345
		本公司依照股东所持有的股份份额获得股利和其他利益分配	12345
		本公司按照相关规定给予股东应有的权利与义务	12345
		本公司树立良好的企业声誉与行业竞争力	12345
		本公司给予股东的红利随企业价值增长而增长	12345
		股东对于企业的重大决策提出关键性的意见	12345
4	经营者	本公司积极进行生产研发活动，经常推出新的产品与服务	12345
		经营者应做出能够使企业长期获利的正确的决策	12345
		经营者利用合法的手段努力为公司获取利润	12345
		努力为企业争取大的市场份额	12345
		本公司不干涉员工个人的宗教信仰	12345
		本公司生产经营所有活动严格遵循法律法规	12345
		本公司经营者提升自己的人力资本、发展空间	12345
		本公司良好的企业形象	12345
5	消费者	本公司应该保障产品的质量与安全	12345
		本公司应该为消费者建立良好的消费环境与提供优良的服务	12345
		本公司应保证消费者的售后服务质量	12345

题项编号	利益相关者	测量题项	重要程度（低→高）
5	消费者	本公司应向消费者提供真实、全面的信息	12345
		本公司的商品、服务应当明码标价	12345
		本公司应当听取消费者的意见并且接受监督	12345
6	社区	本公司应当扶持社区教育文化事业和社会公益事业，扶贫济困	12345
		本公司应当吸收社区的人员就业	12345
		本公司应当维护社区环境、保障社区居民安全	12345
		本公司应当为社区提供部分服务，如交通、治安保卫等	12345
		本公司应当参与社区建设活动，繁荣社区的经济文化生活	12345
7	合作伙伴	本公司通常与合作伙伴互相尊重、风险共担、利益共享	12345
		本公司对合作伙伴诚实守信	12345
		本公司为合作伙伴提供必要的科学技术支持	12345
		本公司与合作伙伴进行及时高效的信息共享	12345
		本公司与合作伙伴互相进行产品质量监督	12345
		本公司与合作伙伴建立长期的合作	12345
		本公司为合作伙伴提供管理经验	12345
8	政府	本公司合法经营并照章纳税	12345
		本公司应当接受政府的依法监督和干预	12345
		本公司通过慈善公益不断回馈与服务社会	12345
		本公司应帮助政府治理环境	12345
		本公司应不断打造自身品牌，协同中国制造走向世界	12345
		本公司为公民提供就业	12345

第四部分：战略风险

请您根据对企业实际情况的了解，从下列测量题项中选出最佳选项，在相应的分数上打"√"。

题项编号	战略风险维度	测量题项	重要程度（低→高）
1	战略假设风险	公司战略分析人员的信息获取能力低下引起的风险	12345
		公司战略分析人员的能力与经验技能薄弱引起的风险	12345
		公司对企业愿景错误理解而使得风险的增加	12345
		公司没有明确的企业愿景而成为其弱点	12345
2	战略治理风险	公司领导者的决策错误所引起的风险	12345
		利益相关者之间权利失衡导致风险的加速产生	12345
		公司治理方案错误率提升会增加风险产生的可能性	12345
		公司的决策人不善于听取他人意见导致公司发展停滞不前	12345
		公司行为准则模糊与商业道德的不规范最终导致风险加重	12345
		公司的监督机制与管理机制失灵使风险加剧	12345
		授予股东的管理权力被滥用致使风险的产生	12345
		公司经营过程的不合理与不透明性进一步加剧公司的风险	12345
3	战略错位风险	公司执行人员根据既定的战略来实行变革管理的能力不足	12345
		公司优化企业组织结构、重组企业业务流程的能力低下	12345
		公司不具备设计和实施各种业务策略的能力	12345
		公司不能动态修正战略假设并调整战略导致战略错位风险	12345
		公司获取反馈信息即战略实时进程信息的能力低下	12345
		公司未能调整战略实施进程和绩效体系导致错位风险	12345
4	战略刚性风险	公司打破当前的组织结构加剧风险	12345
		公司改变现有的生产流程致使风险产生	12345
		公司革新破坏了当前的权力结构导致风险的产生	12345
		公司员工对新环境的抵触情绪加剧了刚性风险	12345

第五部分：商业伦理功能与决策机制

请您根据对企业实际情况的了解，从下列测量题项中选出最佳选项，在相应的分数上打"√"。

题项编号	维度	内容	测量题项	重要程度（低→高）
1	商业伦理功能	融合功能	融合功能有利于企业得到法律保护和社会认可	12345
			融合功能有利于公司形成竞争优势	12345
			融合功能有利于企业争取大的市场份额	12345
			融合功能有利于提高企业的声誉	12345
			融合功能有利于企业得以长期的生存与发展	12345
		约束功能	约束功能有利于企业形成有效的规章制度	12345
			约束功能有利于企业严格质量管理	12345
			约束功能有利于企业员工产生动力	12345
			约束功能有利于企业吸引合作者	12345
			约束功能有利于企业高效的发展	12345
2	商业伦理决策	利己主义决策	公司的决策有利于长期利润的积累	12345
			公司的决策有利于成本的削减	12345
			公司的决策有利于技术的可行性	12345
			公司的决策有利于股东的利益	12345
			公司的决策有利于消费者的利益	12345
			公司的决策有利于员工忠诚度的提高	12345
			公司的决策有利于降低经营风险	12345

后　记

书山有路勤为径。美好的时光如白驹过隙，攀登时的艰辛和喜悦，都沉淀为心底的甜蜜，凝结为一段厚重的人生经历。读书如爬山，步履维艰，刚以为爬上半山腰，悄然有窃喜之意，又蓦然遥见峰顶雾气缭绕，山外群山连绵。就这样，一座座山地爬，一条条沟地过，对人生的体验和认识，也就这样一道坎一道坎地过，一座峰一座峰地拔。

经过长达一年多的努力，我终于顺利地完成了这部作品。编写本书给了我一次对企业社会责任与战略风险的系统思考和梳理的机会。本书的撰写从选题到收集材料，从第一稿到反复修改，经历了喜悦、沮丧、彷徨交集的复杂心情！

在可持续发展与企业社会责任的理念已成为国际社会的广泛共识和市场秩序道德性规范的背景下，企业履行社会责任的行为不仅是隐性的道德追求和实践转化，也是为了扩大市场份额、降低生产成本和获得竞争优势的最优战略选择。基于这样的研究背景，本书立足商业伦理的视角，从企业宏观战略层面审视、分析和解决问题，这既是对我的挑战，更是拓展我知识结构和心智模式的机会。

在本书付梓之际，首先，我要衷心感谢关海玲教授。本书从选题到理论到实证分析，都凝结着关老师的学术光辉，在恩师的悉心指导下，经过多次修改才有幸将作品奉献给大家。在整个写作过程中，我深为关老师全球性的视野、渊博的学识、精辟的见解和对现实发展的关怀所折服，关老师始终认真负责地给予我深刻而细致地指导，帮助我开拓研究思路，精心点拨、热忱鼓励。正是他的无私帮助与热忱鼓励，此书才能够顺利完成。

其次，我想感谢山西工商学院，尤其是商学院，是我坚实的支柱，这里就像一个大家庭，每位老师都充满了热情，良好的工作环境是一位学者研究学术问题的基石，他（她）们为我的科研创造了一个相对宽松、自由的环境，让我有更多的时间、精力进行研究，本书的顺利出版他们功不可没。

在本书资料收集与实地调研的过程中，曾得到了朋友们的大力支持，在此一并表示诚挚的感谢！感谢朋友们对我的关心，特别是在本书撰写过程中，与诸位的讨论给我灵感，大家的鞭策给我前进的力量。

最后，我想感谢我的家人，正是他们无私的付出和帮助，用最无私最宽容的心给予我支持和鼓励，让我可以心无旁骛去进行学术研究。他们在背后默默地支持，分担我的压力，在我无助时送来温暖，我才能如此顺利地完成此书。

道远日暮有志成。终点亦是起点。本书的完成，对我来说是一种激励，尽管本次研究已告结束，但新的研究之路已经开始。在新征程上，我将不忘初心，不负教导，珍惜光阴，不负韶华，以所学回报老师！回报社会！只有这样才能对得起帮助过我的人。我对自己充满信心！

2020 年 2 月 22 日